KB270045

춘천, 들꽃 자수 산책

춘천, 들꽃 자수 산책

산과 들을 걷고 수놓다

김예진 지음

한스미디어

하늘이 그리면 바람이 수를 놓고…

"도심에 살고 있어도 언제나 시골을 꿈꾸었다. 돌담이 쌓인 신작로 흙길이면 더 좋았다." 아마 그 흙길 양쪽으로는 이름이 있어도 좋고 없어도 좋은 풀과 꽃들이 바람에 흔들리고, 나비든 잠자리든 별이든 공중에는 무언가 수런거리는 살아 있는 것들의 명랑이 가득하게 메우는 곳이었을 것이다. 가득 차 있으면서도 답답하지 않고 혼자이지만 외롭지 않은 곳, 이런 길 혹은 풍광을 김예진 작가는 좋아한다. 하지만, 뭐 이런 곳이라면 비단 김 작가뿐이 아니고 우리들 모두가 가슴을 열고 숨이 트이고 마음을 놓게 될 것이다.

우리는 지금 전대미문의 문명과 풍요를 누리고 있다. 산업혁명 초기부터 임박하리라던 자연 재해는 생각보다 더디게 왔고, 그보다 빠르게 의·식·주 모든 분야에서 불편을 개선하는 각종의 기술들이 발전하며 이 우려들을 불식시켜 왔다. 하지만 우리는 찜찜하다. 이러한 편안함이 당의정 같다는 것을 알면서도 가끔 산속 비박을 하면서도 내일이면 아파트 안의 쾌적한 샤워와 이부자리를 보상으로 떠올린다. 이미 원시채집수렵인의 길에서 아파트와 IT로 대변되는 문명서비스 소파인쯤으로 자리를 잡아간다는 의미일 것이다.

그렇지만, 우리의 기억은 오랜 친구를 닮은 것인지 자꾸 어릴 적으로 퇴행해간다. 어릴 때 서있던 골목길, 큰 느티나무와 텅 빈 운동장, 마을 가운데에 있던 깊은 우물, 담장 위로 뻗은 잎과 꽃들… 그것은 아무리 첨단의 이중창으로 꽁꽁 닫아도 꼼짝없이 쳐들어오는 노을과도 같다. 그리하여 추억은 곧 자기이다. 밀어낼 수도 없고 분리할 수도 없는 자기와의 싸움이 가당키나 할 것인가. 그래서 우리는 산 쪽으로 창을 내었고, 창을 낼 수 없다면 그림이건 사진을 걸어놓게 되는 것이다.

자연을 액자에라도 다시 살려내는 것도 이와 비슷해서 공장이거나 디지털로 몇 장씩 찍는 방식보다는 사람들은 한 개의 고유한 것을 좋아한다. 핸드메이드 열풍의 이유이기도 하다. 다들 짐작하다시피 자수는 어떤 분야보다 손이 많이 가고 오랜 시간을 필요로 한다. 이파리 하나만도 몇 시간씩 작업을 해야 하기 때문이다. 그것은 마치 누에가 뽕을 먹고, 점점 성충이 되어 누에꼬치를 만들고 번데기가 되어 실로 만들어지는 시간을 되새김질 하는 것과 같다. 김예진 작가가 만들어 낸 작품은 한없이 명징하고 한없이 새롭다. 마치 액자에서 태어난 듯 생생하게 바람을 맞거나 달빛에 비추인다. 김예진 작가는 사람들이 자기보다는 자기가 수놓은 꽃과 풀잎과 하늘을 사랑하고 기억해주면 좋다고 한다. 어찌 보면 작가는 작품을 낳는 해와 달 같은 존재이니 당연한 일이라 싶다가도 보다 건강하고 보다 분망한 수로 사람들에게 큰 기쁨을 주기를 기대해본다.

-최삼경 (작가, 《헤이 강원도!》 저자)

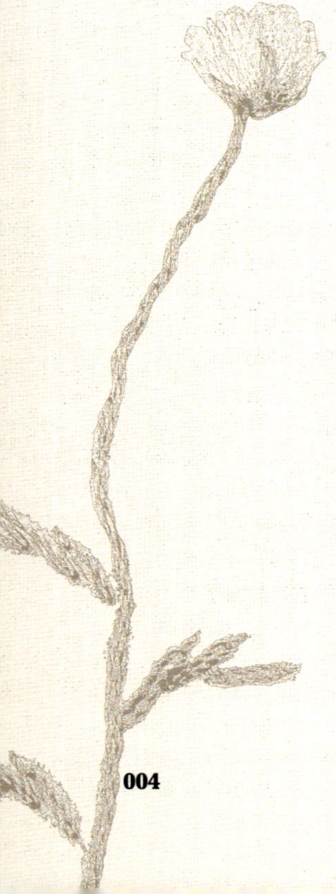

프 롤 로 그
prologue

얼마 전 한 사찰에 핀 꽃이며 스님이 가꾸시는 나무들의 이름표를 달아주었습니다. 불자는 아니지만 나무를 가꾸고 농사를 짓는 일이 가장 행복하다는 스님의 말씀에 인연이 되어 가끔 찾아가는 도량입니다. 이날도 나무의 이름을 불러주고 리본에 적어 눈높이에 묶어주었지요.

"스님… 이렇게 펜으로 쓰면 햇빛에 금세 날아가요."

"그럼… 또 쓰지요."

나무에 걸린 글자가 흐려질 때쯤 이름을 불러주러 또 다시 가야겠습니다.

작은 풀꽃들의 이름을 수없이 불러주며 수를 놓는 일은 단순히 예쁘고 사랑스러워서라기보다 보잘 것 없고 작은 것들을 섬기는 것이라 생각됩니다.
언 땅을 비집고 나오는 새싹들…
꽃을 피우고 잎을 무성히 길러내고, 때를 알고 스스로 잎을 떨구고, 또 다음 계절을 기다리는 풀꽃들이 바로 구도자의 삶 같아요.
가벼운 마음으로 수놓기를 시작한 수강생들이 자수를 하며 자연스럽게 작은 생명과 우리 풀꽃 나무들을 관찰하게 되고 이름을 불러주며, 자수가 주는 명상의 시간이 이리도 좋은 줄 몰랐다고 행복해하시는 것을 봅니다. 그 순수한 표정을 카메라에 담고 기쁨의 순간들을 기록으로 남겨 공유할 때마다, 함께한다는 즐거움이란 바로 이런 것이로구나 싶어요.

《춘천, 들꽃 자수 산책》은 저의 일상이 된 카메라를 들고 꽃과 숲길, 집 근처의 한적한 길을 걸으며 때로는 여럿이, 때로는 혼자서 찍으며 만났던 나무와 풍경과 소중한 시간들을 자수로 옮긴 책입니다.
제가 미처 남기지 못한 꽃 사진들은 이원일 님, 김호섭 님, 최동기 님께 도움을 받았습니다. 추천사를 써주신 최삼경 님께도 고마움을 전합니다. 저의 또 다른 인생의 출발점이 되었던 한스미디어와의 인연에 감사드리며, 특히 꼼꼼하고 세심하게 살펴주신 이나리 님 고생 많으셨습니다.
작업하며 즐거운 일도 많았지만 어려울 때 지켜봐주시고 응원해주신 많은 분들께 진 마음의 빚을 잊지 않겠습니다. 고맙습니다.

첫 번째 장

자수를 시작하기 전에

러닝 스티치 • 백 스티치 • 아우트라인 스티치 •
카우칭 스티치 • 프렌치너트 스티치 • 버튼홀 스티치 •
체인 스티치 • 새틴 스티치 • 롱앤드쇼트 스티치 •
크로스 스티치 • 플라이 스티치 • 레이지데이지 스티치 •
블리온 스티치 • 스트레이트 스티치

두 번째 장

기초 자수

자수를 시작하기 전에

기본 도구 준비하기

❶ 수틀

수틀의 모양은 원형, 타원형, 사각형 등 다양합니다. 각 도안의 크기에 맞는 나무 수틀을 골라 사용해주세요.

❷ 실

자수 실은 면사, 모사, 견사 등 종류가 다양하며 브랜드에 따라 발색이나 색상 번호가 다릅니다. 이 책에서는 DMC 25번사와 A.F.E 린넨사를 사용하였습니다.

❸ 바늘

6호~8호 바늘. 바늘은 호수가 클수록 굵어집니다. 이 책의 자수에 사용된 바늘은 대부분 6호 바늘로 규방공예나 비즈공예를 할 때에도 사용합니다. 귀가 얇고 가늘어 원단에 바늘구멍이 나지 않아 사용하기에 적당합니다.

❹ 트레이싱지

트레이싱지는 도안을 옮겨 그리거나, 그린 도안을 열전사펜으로 원단에 옮길 때 사용하는 반투명한 종이입니다.

❺ 먹지

트레이싱지와 마찬가지로 도안을 옮겨 그릴 때 사용합니다. 수용성 먹지는 수를 완성한 후 물을 뿌려 다리면 그린 도안이 깨끗하게 지워져 손질할 때 편리합니다.

❻ 재단용 가위

원단을 자를 때 사용합니다.

❼ 쪽 가위

실을 자를 때 사용합니다.

❽ 실 뜯개

수를 잘못 놓았을 때나 바느질한 실을 뜯어낼 때 사용합니다.

❾ 펜

먹지를 대고 도안을 원단에 옮길 때, 도안과 다른 색의 펜을 사용하면 그린 부분과 그리지 않은 부분의 그림을 쉽게 구분할 수 있습니다.

❿ 열전사펜

트레이싱지에 열전사펜으로 도안을 그린 후에 원단에 마주 보게 놓고 다림질을 하면 도안이 원단에 나타납니다. 먹지보다 쉽게 도안을 옮길 수 있어 편리하지만 쉽게 지워지지 않으니 주의해야 합니다. 또한, 원래 도안을 뒤집어 놓고 트레이싱지에 옮겨야 도안의 좌우가 바뀌지 않아요.

⓫ 기화펜 ⓬ 수성펜

수성펜은 물로 뿌리면 지워지고, 기화펜은 시간이 좀 지나면 그린 선이 사라지는 펜입니다. 수를 놓으며 선을 수정하거나 꽃잎의 결을 표시할 때 사용하면 좋습니다.

⓭ 원단

25번사로 수놓기에 적당한 원단으로는 광목, 무명, 린넨 등이 있습니다. 원단은 숫자가 클수록 두께가 얇아집니다. 60수나 80수의 원단처럼 얇은 원단은 자수를 놓기 어려우므로 40수 이하의 원단을 선택하세요. 자수를 놓을 원단은 미리 세탁하여 다려서 사용하면 줄어드는 현상을 방지할 수 있습니다.

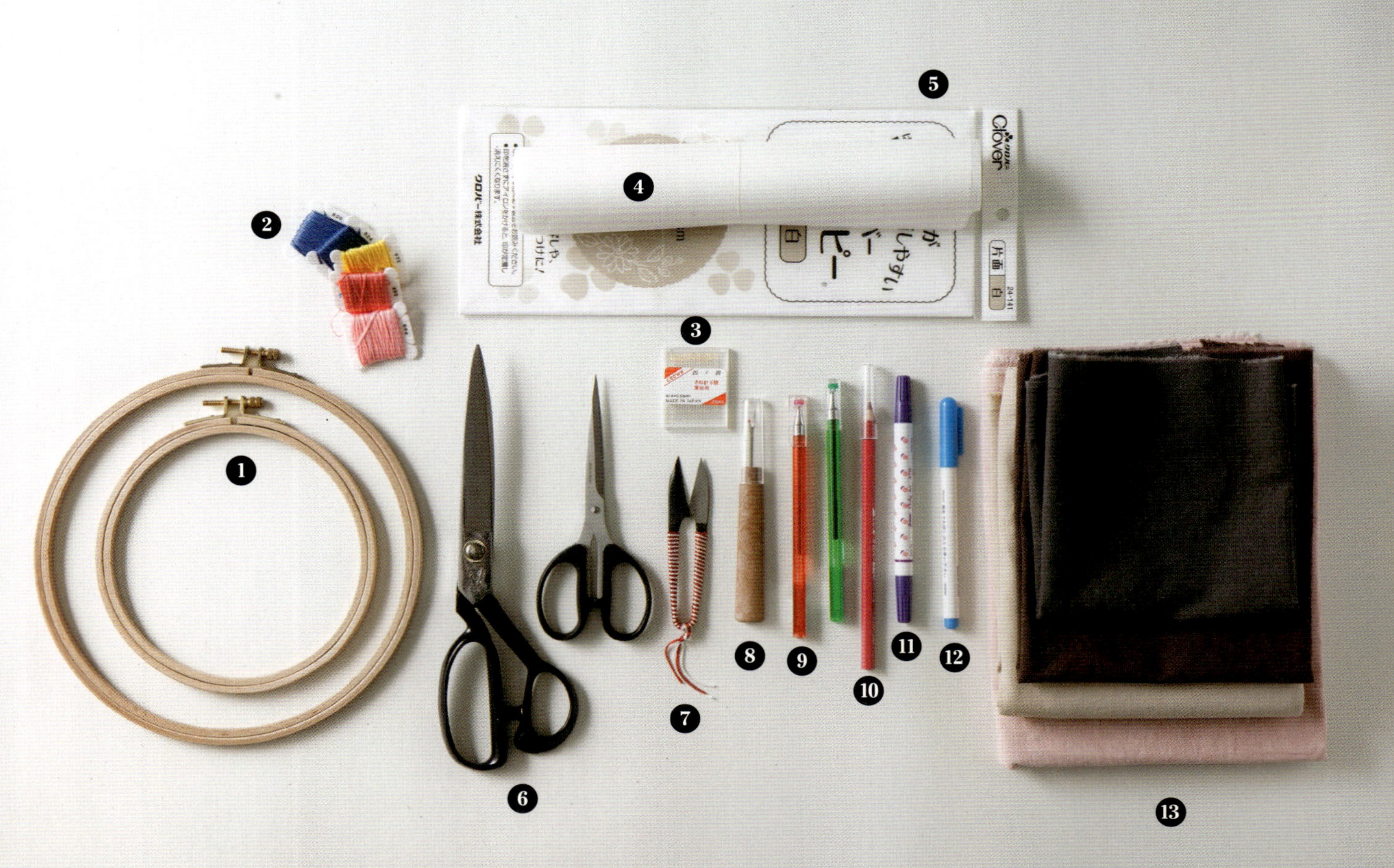

도안 읽는 법

기초 도구를 준비했다면 책에 쓰인 도안을 읽을 줄 알아야겠지요?
기초 자수 중 '찔레열매'를 예로 들어보겠습니다.
먼저 470(1) 아우트라인S 2줄 이라는 표기를 살펴볼까요?

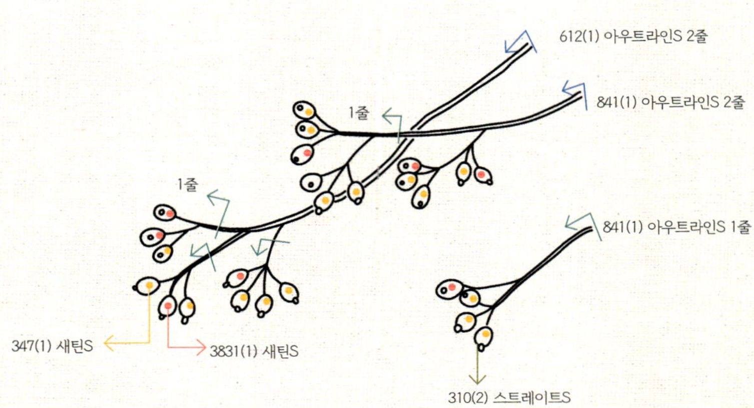

470(1) 아우트라인S 2줄
맨 앞에 나오는 밑줄의 번호는 실의 종류입니다. 이 경우 DMC 25번사 470번 실 1올을 사용하라는 의미입니다.

470(1) 아우트라인S 2줄
이 글자는 스티치 기법을 의미합니다. 여기에서는 아우트라인 스티치를 뜻합니다.

470(1) 아우트라인S 2줄
수를 놓는 개수를 뜻합니다. 아우트라인 스티치로 1줄을 끝까지 다 놓은 다음, 다시 옆에 붙여서 1줄을 더 놓는다는 의미입니다

다른 예를 더 볼까요?

726(2) 프렌치너트S 1회 감기
DMC 25번사 726번 2올을 한 번에 바늘에 꿰고, 바늘에 실을 1번만 감아서 수놓습니다.

베리에이션 4046(1) 새틴S
DMC 25번사 중에 그러데이션이 되어있는 복합사를 사용하면 됩니다.

A.F.E 린넨사 910(1) 아우트라인S
이 실은 DMC 25번사의 약 3가닥 굵기인 실로, 린넨이 주는 거친 질감을 표현할 수 있습니다.

이제 위 도안에 있는 설명을 자세히 살펴보겠습니다. 노란 점들은 모두 347번 실입니다. 그렇다면 붉은 점들은 모두 3831번이겠지요?
줄기 중간에 표시된 하늘색 화살표는 아우트라인S를 줄기 끝까지 1줄을 다 수놓은 다음, 하늘색 화살표가 있는 지점에서 아우트라인S 1줄을 더 붙여 수놓으라는 의미입니다. 가장 굵고 큰 줄기를 표현할 때는 진한 파란색 화살표가 있는 지점에서 2번째 아우트라인S를 시작하면 됩니다.

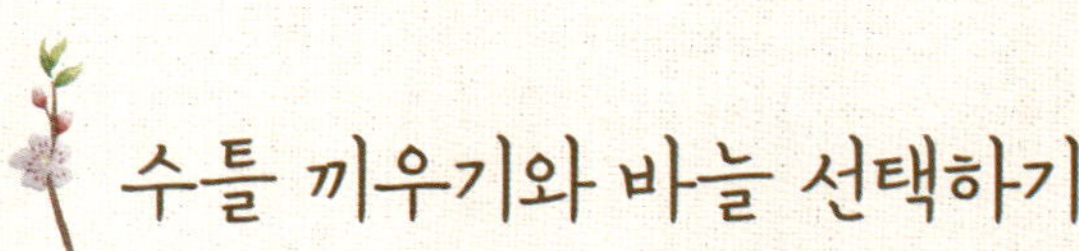

도안 옮기는 법

도안을 읽는 방법을 충분히 숙지했다면 이제부터 본격적으로 들꽃 자수를 시작해볼까요?

먼저 원단 위에 도안을 올려주세요. 이때 도안이 움직이지 않도록 핀이나 종이테이프를 붙여 고정합니다. 도안을 고정하지 않으면 복잡한 도안을 그리다가 도안이 틀어져서 다시 그려야하는 번거로운 일이 생깁니다.

도안 아래에 먹지를 놓습니다. 이때 하얗거나 밝은 색 원단에는 진한 색 먹지를, 색이 진하거나 어두운 원단에는 흰색 먹지를 사용합니다.

색볼펜으로 힘을 주어 천천히 꾹꾹 눌러 도안을 따라 그립니다. 전용펜인 철필을 이용하면 힘이 덜 들 수도 있지만, 철필이 지나간 자리는 선의 색깔이 보이지 않으므로 복잡한 도안일 경우에는 오히려 선이 혼동될 수 있습니다.

수틀 끼우기와 바늘 선택하기

• 도안이 그려진 원단을 수틀에 끼웁니다. 원단의 그림이 틀어지지 않도록 씨실과 날실이 직각을 이루도록 합니다. 잘 끼워진 수틀은 원단을 톡톡 두드리면 통통 튕겨 경쾌하고 명랑한 소리가 납니다.

• 바늘을 선택할 때는 1가닥을 사용하는 경우는 6호 바늘을, 2가닥을 사용하는 경우는 7호 바늘을, 더 많은 가닥을 쓸 때는 실을 꿰기 좋은 귀가 가늘고 긴 자수바늘로 합니다.

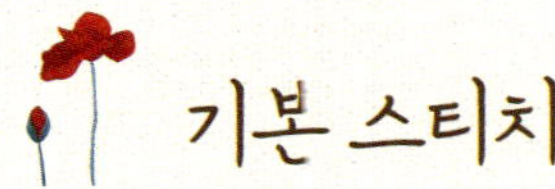

기본 스티치

이 책에서는 모두 14가지 자수 기법을 사용합니다.

여기에 소개된 기본 스티치는 생활 자수에서도 많이 활용되는 기법이므로 잘 익혀두면 예쁘게 수를 놓을 수 있습니다.

러닝 스티치

러닝 스티치는 바느질에서는 홈질이라고 합니다. 한 땀씩 같은 간격으로 표현합니다. 이 스티치는 식물의 여린 줄기를 표현하거나 장식적 요소로 사용합니다.

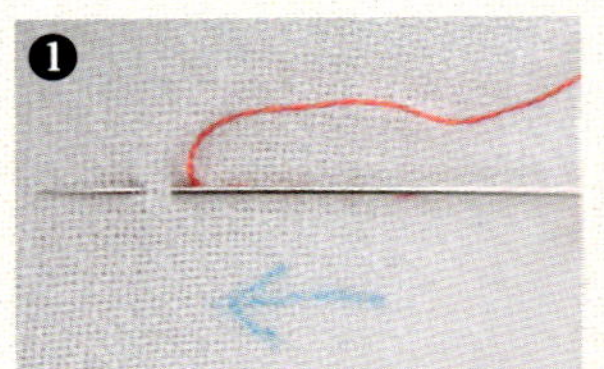

먼저 바늘에 실을 꿰어 한 땀을 뜹니다. 선을 따라 반듯하게 따라가는 것이 어렵다고 많이 이야기하시는데요, 쉽게 놓으려면 바늘의 앞을 보지 말고 뒤를 봐주세요. 먼저 지나온 땀과 바늘이 잘 포개졌는지 확인하면서 수놓으면 예쁘게 완성됩니다.

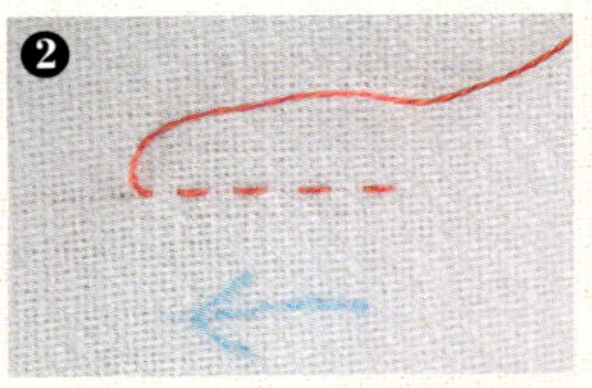

완성. 줄기로 표현할 때는 건너가는 땀을 좀 작게 하고 위로 보이는 땀의 실 길이를 더 길게 합니다. 반대로 장식적인 요소로 스티치를 활용할 때는 보이는 땀을 작게 하는 것이 더욱 곱답니다.

백 스티치

백 스티치는 바느질에서 박음질에 해당됩니다. 오른쪽에서 왼쪽 방향으로 같은 길이의 바늘땀이 빈틈없이 이어집니다. 이 스티치는 식물의 가는 줄기나 잎맥 등에 사용됩니다.

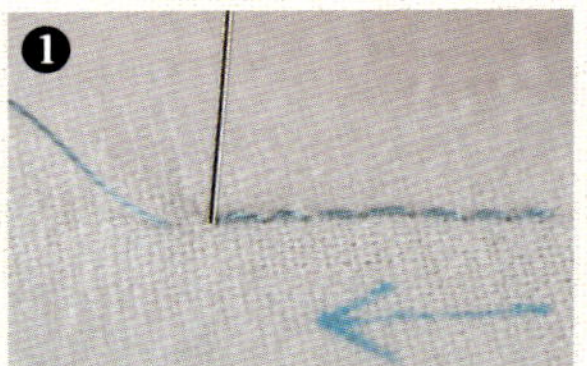

한 땀 한 땀 나왔다가 들어가는 방식도 좋지만, ❷번 사진과 같이 뒤로 들어간 바늘이 처음 나왔던 실을 지나 한 땀을 더 떠서 바느질하면 스티치 과정이 한 번에 이루어져서 편리하답니다.

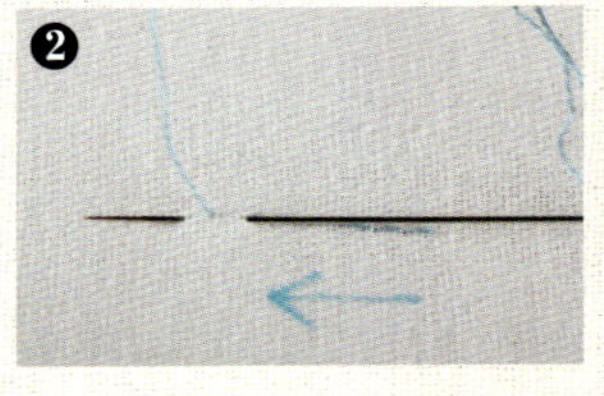

수는 말 그대로 천에 '놓는' 것이기에 실을 세게 잡아당기지 않습니다. 천이 들썩거릴 정도로 실을 잡아당기면 작품이 완성되었을 때 원단이 울게 되는 원인이 됩니다.

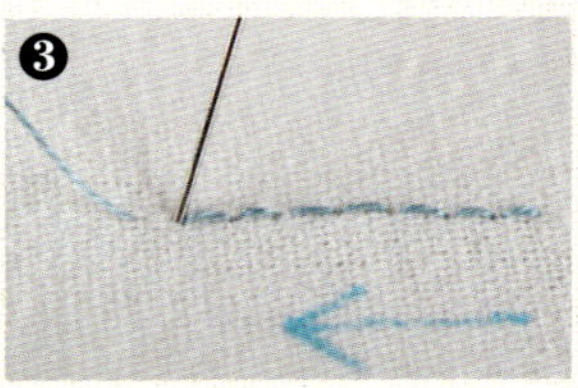

완성. 한 땀의 길이는 실의 두께나 표현하고자하는 도안에 따라 다르겠지만 2~3mm 정도가 적당합니다.

아우트라인 스티치

직선이나 곡선, 외곽선,
식물의 줄기를 표현할 때 많이
사용하는 기법입니다. 때로는
면을 채울 때 사용하기도
합니다.

아래에서 위로 바늘을 뺀 다음, 반 땀만큼(약 3mm) 위에서 바늘을 꼽습니다.

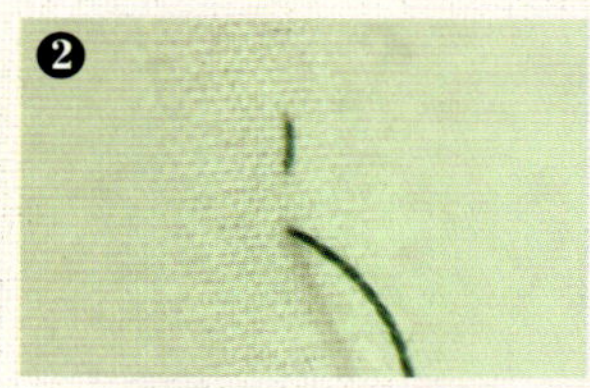

두 번째로 바늘을 아래에서 위로 뺄 때 반 땀의 길이만큼 내려온 자리로 바늘을 뺍니다.

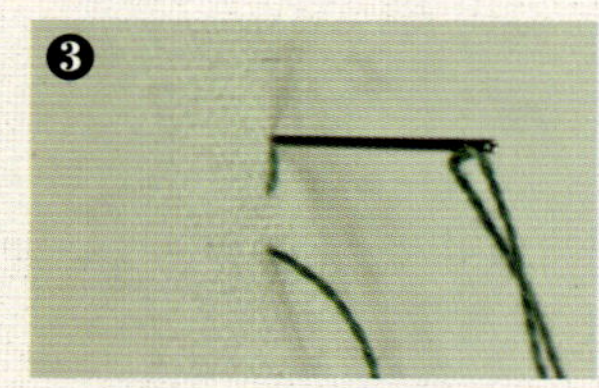

처음 바늘이 들어간 자리로 다시 들어갑니다.

세 번째로 바늘을 아래에서 위로 뺄 때도 반 땀의 길이만큼 내려온 자리에서 바늘을 뺍니다.

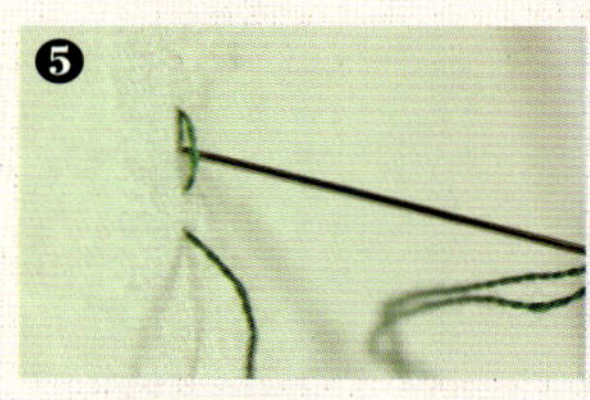

이번에 들어갈 때는 첫 반 땀의 끝에 바늘을 넣어줍니다.

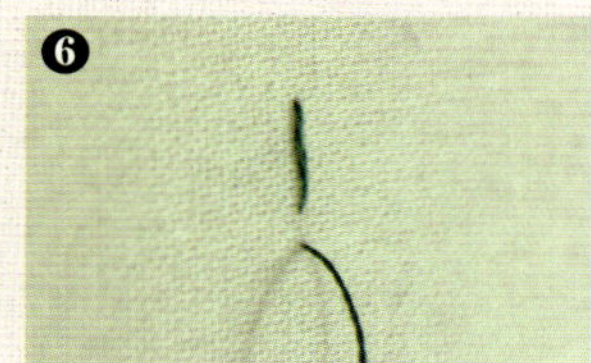

처음 바늘이 들어간 자리로 다시 들어갑니다.

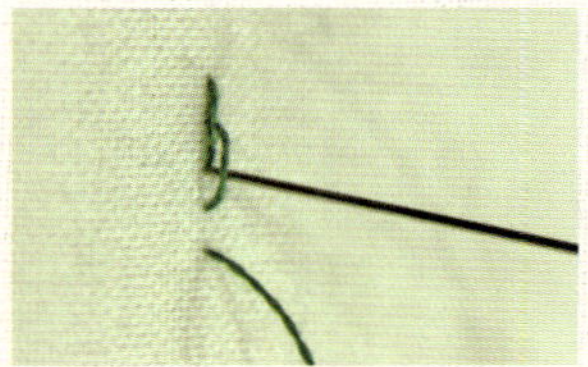

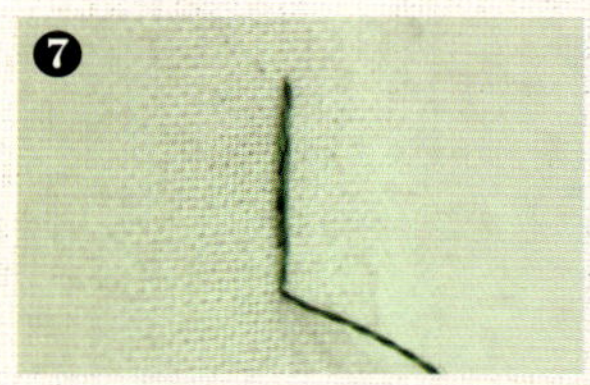

마무리를 할 때에는 마지막 땀의 끝으로 바늘을 빼낸 다음, 먼저 놓았던 땀의 끝으로 다시 들어갑니다.

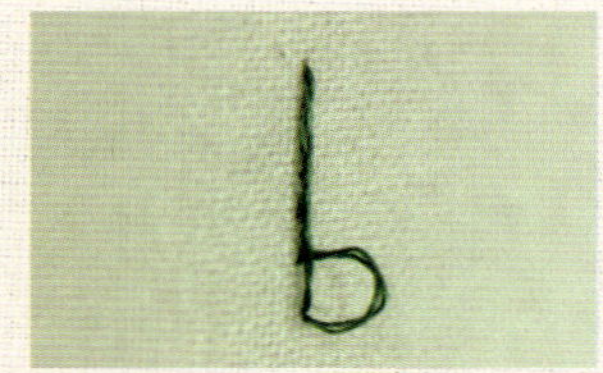

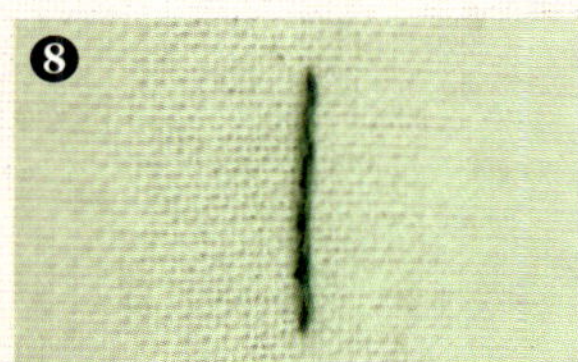

완성.

아우트라인 스티치는 사진 ❶, ❼과 같이 처음과 마지막을 반 땀으로 수놓아 선의 굵기가 처음부터 끝까지 일정하게 완성됩니다. 만약 줄기 한 줄을 먼저 놓고 중간에 붙여서 두 줄을 놓으려고 할 때는, 두 번째 줄의 아우트라인 스티치의 시작에서 반 땀을 내지 않고(사진 ❶과정 생략) 이어나가야 자연스럽게 보입니다.

심이 되는 실을 다른
실로 고정해가며 수놓는
방법입니다. 고정실은
심지실과 수직이 되도록
합니다.
이 스티치를 통해 어떤 선이나
곡선도 자연스럽게 표현할 수
있고, 직각이나 예각으로 꺾은
표현도 가능합니다.

❶ 카우칭 스티치는 바늘을 두 개 사용합
니다. 사진에서는 구별이 잘 되도록 색
을 다르게 사용했습니다. 심지가 되는
녹색 실이 중심 실이고, 붉은 실은 보
조용으로 고정할 때 사용합니다.

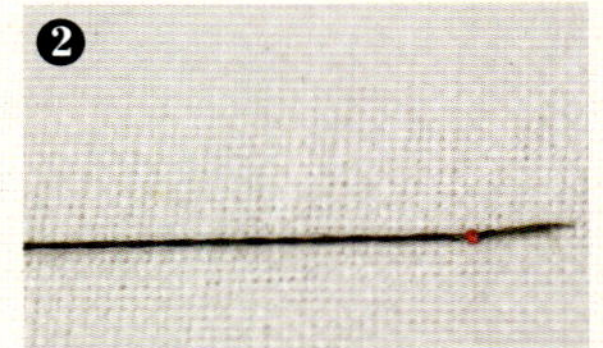

❷ 녹색 실 바로 옆에 붙여 징그며(붉은
색실 부분) 수를 놓습니다.

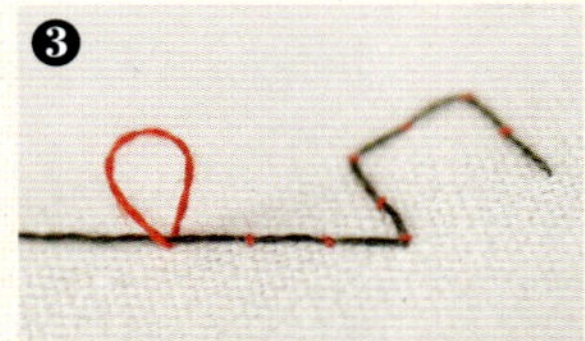

❸ 녹색 실은 도안의 선을 따라가고 붉은
실은 녹색 실을 징그며 나아갑니다.

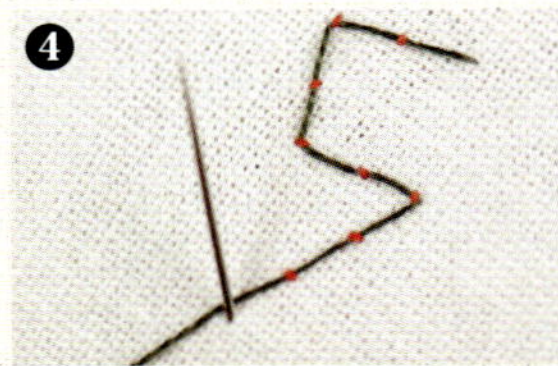

❹ 카우칭 스티치는 전통 자수에서는 징
금수라고 부릅니다. 징금수 자체로 면
을 메우기도 하지만 대부분은 도안의
그림이나 글씨의 가장자리를 정리하는
데 사용을 합니다.

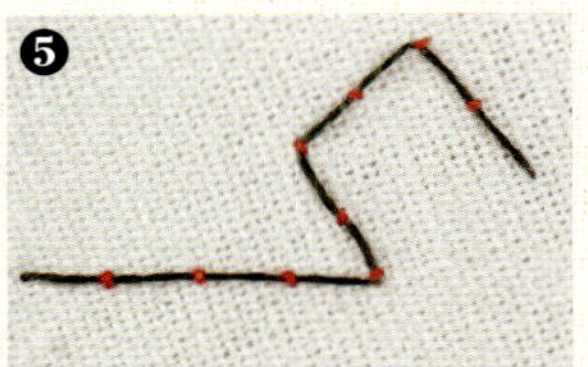

❺ 완성.

프렌치너트 스티치는 작은
매듭을 만드는 스티치로,
실 가닥 수나 굵기, 실을
감는 횟수에 따라 크기가
달라집니다.
주로 꽃술을 표현할 때
사용하지만 여러 개를 놓아서
그 자체로 꽃송이를 만들거나
덜 핀 꽃봉오리를 표현할 때도
사용합니다.

❶ 실을 아래에서 위로 빼서 놓는 프렌치
너트 스티치는 전통자수에서는 씨앗수
또는 매듭수라고 부릅니다

❷ 먼저 실을 바늘에 감아줍니다. 감는 횟
수에 따라 매듭의 크기가 달라집니다.
DMC 25번사를 사용할 경우 4회 이상
감으면 매듭의 크기가 커지기보다는
앞으로 튀어나오게 되어 예쁘게 완성
되지 않습니다. 3회 이상 감은 정도의
크기를 원한다면 2겹의 실을 사용하여
2회 정도 감는 것이 좋습니다.

❸ 감은 실이 풀리지 않도록 제자리에 바
늘을 꽂아줍니다. 이때 많은 분들이 실
수를 하게 되는데요, 실기둥이 바늘 중
간에 있을 때 바늘을 빼 버리면 매듭이
뭉쳐서 예쁘게 완성되지 않습니다. 원
단 아래까지 실기둥을 내린 다음 바늘
을 빼는 것이 중요합니다.

❹ 바늘을 뺄 때는 실의 꼬임도 잘 살펴보
아야 합 니다. 원래의 꼬임보다 많이 꼬
여있으면 원단의 앞이나 뒤에 원치 않
는 매듭이 생기거나, 덩어리가 생겨서
다시 풀어야 하는 성가신 일이 생기게
됩니다.

❺ 완성.

버튼홀 스티치

이 스티치는 단춧구멍이나
천의 가장자리 감침질에 주로
사용합니다.
자수에서는 장식적 요소로
사용하거나 꽃잎의 가장자리
등 다양하게 활용됩니다.

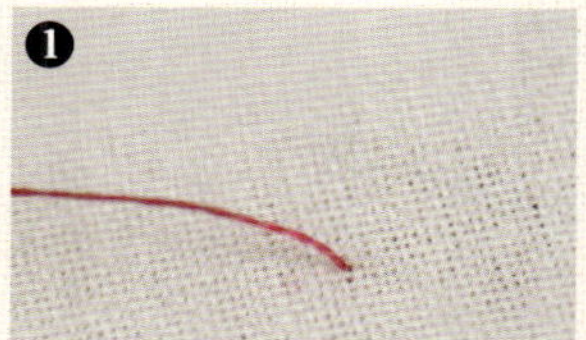

먼저 아래에서 위로 바늘을 뺍니다.

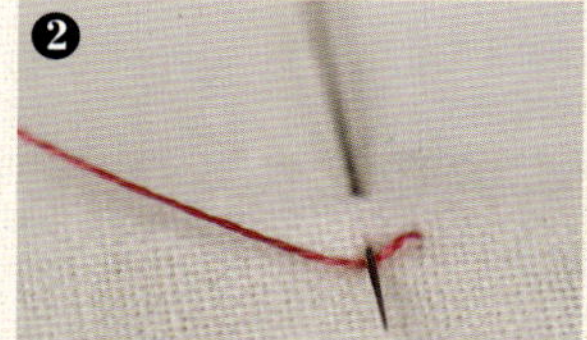

왼쪽 옆으로 한 땀을 벌려 바늘을 넣고, 시작점 아래 한 땀 떨어진 자리에 바늘을 빼서 실을 걸어줍니다.

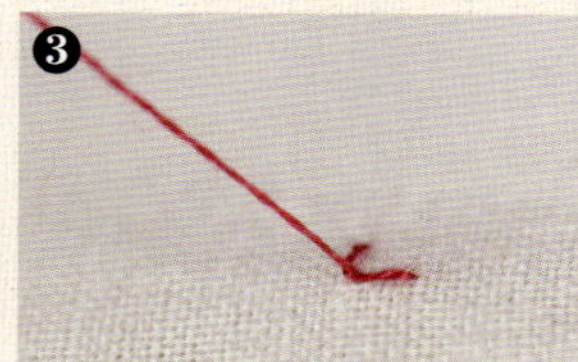

바늘을 뽑아 실을 당기면 L자 모양이 됩니다.

같은 방법으로 왼쪽으로 한땀 떨어져 위에서 바늘을 넣고 아래로 바늘을 빼 실을 걸어줍니다.

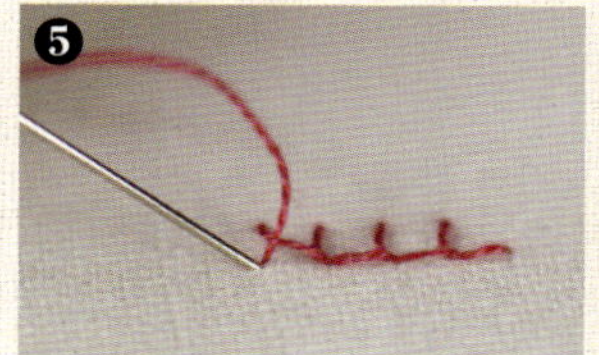

반복해서 연결지어 가다가, 끝을 맺을 때는 마지막 바늘이 나온 자리에 바늘을 꽂아 징그어 줍니다.

완성.

체인 스티치

체인처럼 고리가 연속으로
이어지는 스티치입니다.
줄기, 큰 잎의 둘레나 넓은
면적을 메울 때 사용합니다.

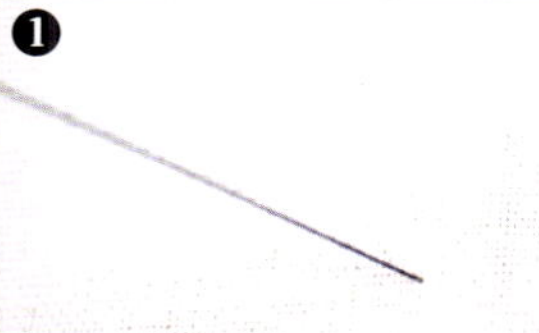

아래에서 위로 바늘을 뺍니다

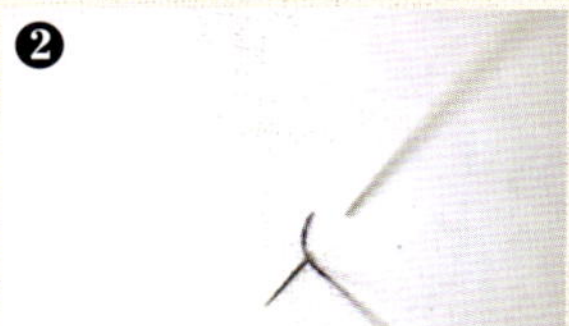

시작점에서 한 땀 옆으로 바늘을 꽂아 살짝 들어간 다음, 대각선으로 바늘을 한 땀 뺍니다. 그런 다음, 바늘 뒤로 실을 걸어줍니다.

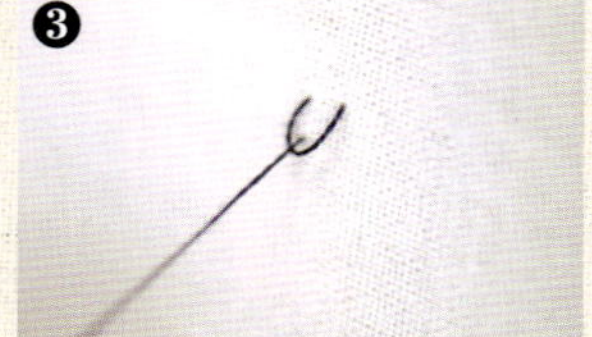

나아가는 방향으로 바늘을 빼면 고리가 만들어집니다.

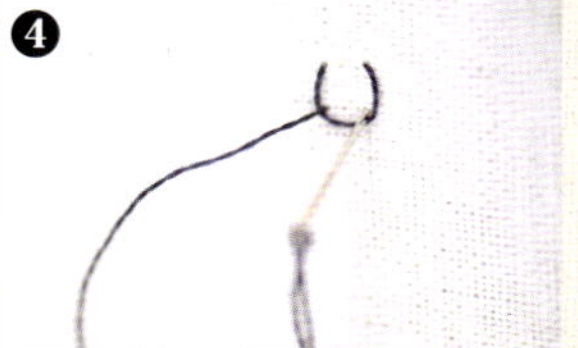

나온 실의 옆으로 한 땀 벌려 다시 바늘을 꽂고,

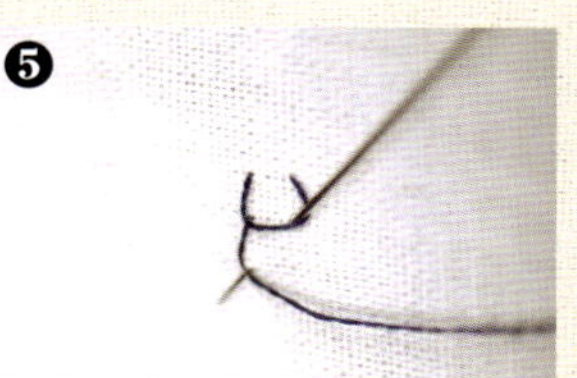

❷와 같은 방법으로 반복해 나아가면 사슬이 만들어집니다.

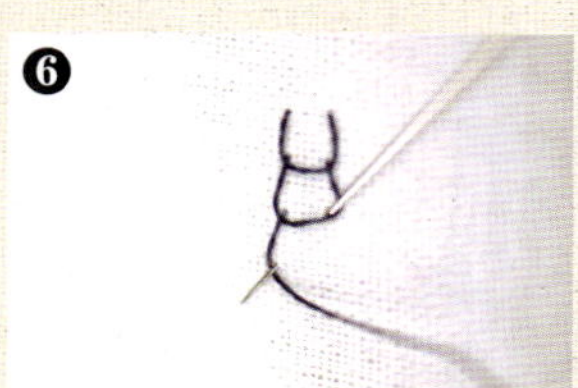

체인 스티치는 수를 놓으면서 일정한 간격을 유지해야 체인의 굵기가 고르게 되어 보기 좋습니다.

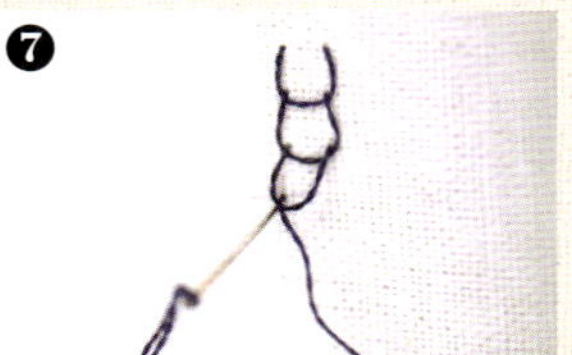

원하는 길이만큼 사슬을 이어가다가 끝맺음을 할 때에는 고리 뒤쪽에 바짝 붙여서 징그어줍니다. 이때 징금은 두 번 해야 합니다.

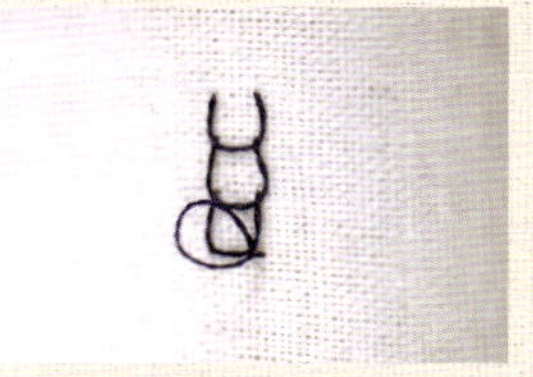

완성.

새틴 스티치는 각도를
일정하게 맞추어 면을 메우는
기법입니다.
주로 잎이나 꽃의 면을 메울 때
사용합니다.
중심에서 대칭으로 수를
놓아가면 균형을 잡기
쉽습니다.

❶ 먼저 도안의 중심선을 그립니다.

❷ 중심선으로부터 바깥쪽으로 면을 채워
가며 수를 놓습니다.

❸ 나머지 반대쪽도 마찬가지로 중심에서
바깥쪽으로 수를 놓습니다.

❹ 완성.

새틴 스티치는 도안의 끝쪽에서부터
수를 놓다보면 결이 틀어져서 각이 맞
지 않는 경우가 많습니다.
이런 방법으로 나누어서 수를 놓으면
초보자도 예쁘게 완성할 수 있답니다.

롱앤드쇼트 스티치

롱앤드쇼트 스티치는 말
그대로 땀의 길이가 길고
짧아 자유롭다는 뜻입니다.
길고 짧은 바늘땀을 빈틈없이
늘어놓아 면을 메우는
기법입니다. 새틴 스티치와
마찬가지로 잎이나 꽃잎의
면을 메울 때 사용합니다.

❶ 아래에서 위로 바늘과 실을 빼냅니다.

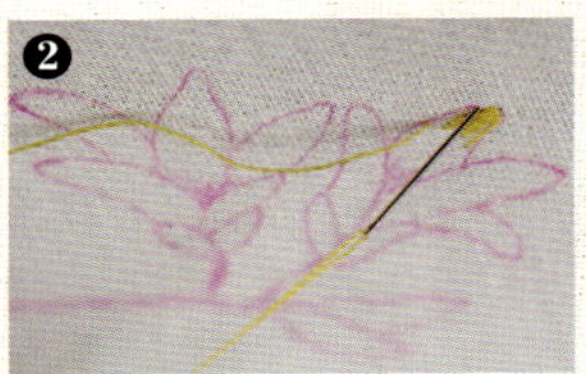

❷ 놓아진 땀들 사이사이로 바늘구멍이
보이지 않도록 꼼꼼하게 면을 채워나
갑니다.

❸ 꽃잎을 메울 때에는 빈 공간에서 바늘
이 나오게 한 다음 수놓은 사이사이로
바늘을 넣어줍니다.
사진에서처럼 바늘이 아래쪽에서 나와
위쪽으로 들어갑니다.

❹

❺ 완성. 롱앤드쇼트 스티치는 땀의 길이
를 자유롭게 하되 꽃 자수에서는 1cm
가 넘지 않아야 하고, 바늘 구멍들이
규칙적이지 않도록 식물의 결을 생각
하며 수를 놓는 것이 중요합니다.

크로스 스티치는 우리가 흔히
알고 있는 십자수입니다.
반복으로 수놓아 넓은 면을
메울 때 사용하거나 장식적
효과를 주기위해 사용합니다.
잎의 면을 메울 때 주로
사용하며 바늘땀의 길이가
짧을수록 빽빽한 느낌이
듭니다.

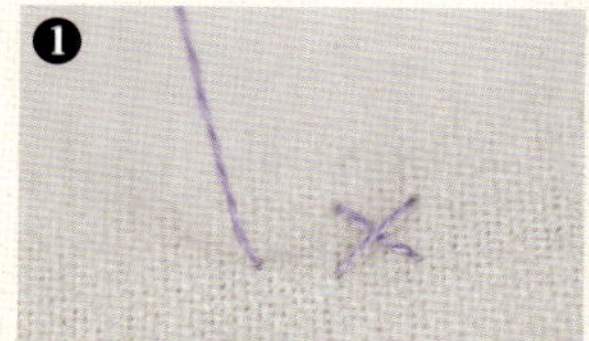

아래에서 위로 실을 빼냅니다.

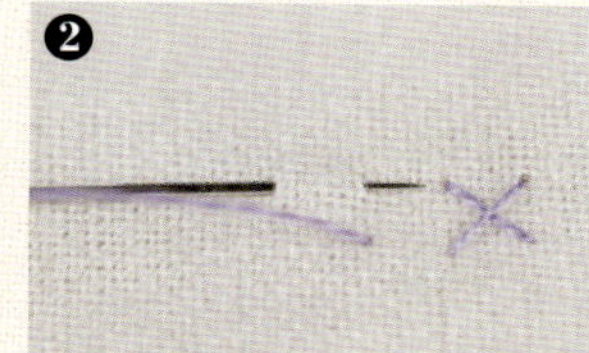

시작점의 아래나 위쪽으로 사진처럼
한 땀을 뜹니다.

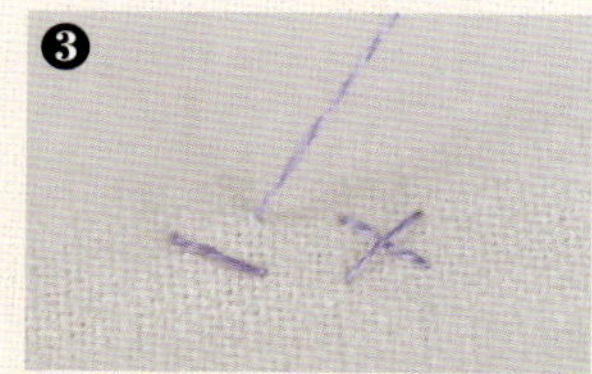

실을 당깁니다.

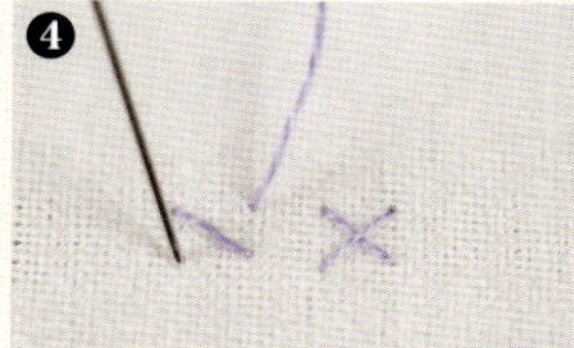

대각선을 가로질러 마무리를 짓습니다.

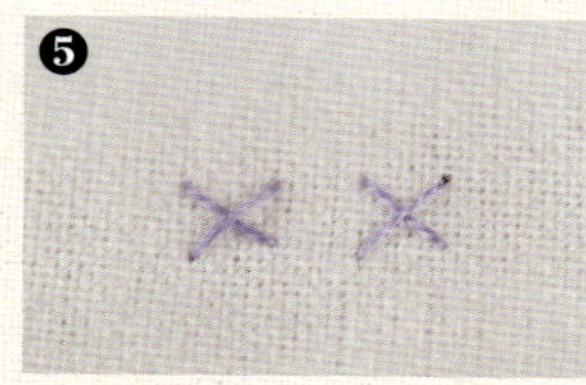

완성.

플라이 스티치

Y자 모양으로 수놓는
방법입니다.
고정시키는 땀의 길이를
바꾸거나 계속해서 수놓으면
자수 모양이 달라집니다.
주로 가지의 끝 부분이나
눈꽃의 결정체를 표현합니다.

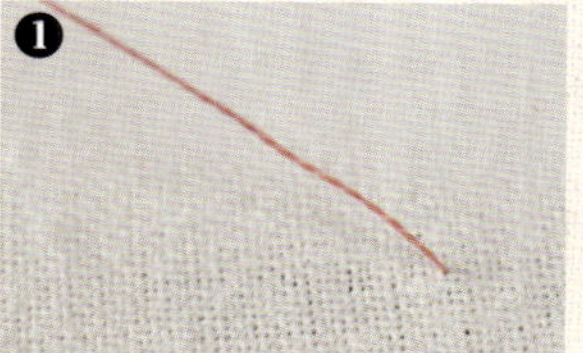

아래에서 위로 실을 빼냅니다.

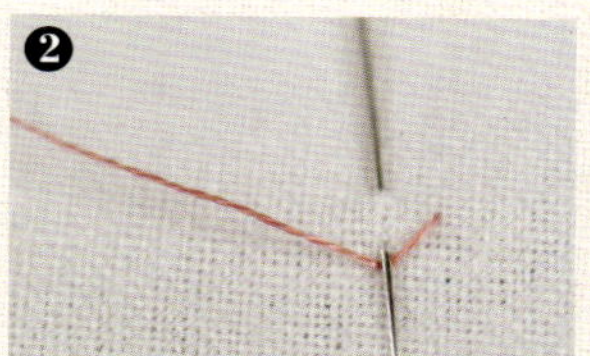

처음 바늘이 나온 자리에서 옆으로 한
땀 떨어진 자리에 사선으로 한 땀을 뜬
다음, 실을 바늘 뒤로 보냅니다.

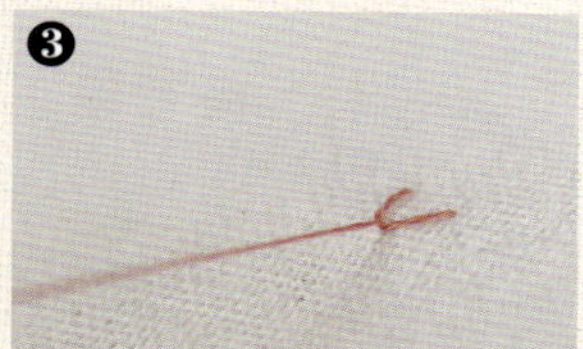

플라이 스티치는 레이지데이지 스티치
와 비슷합니다. 실이 나온 시작점 그 자
리에서 한 땀 뜨고 감는 것이 레이지데
이지 스티치라면, 실이 나온 시작점에
서 한 땀 벌려서 뜨고 실을 감는 것이
플라이 스티치입니다.

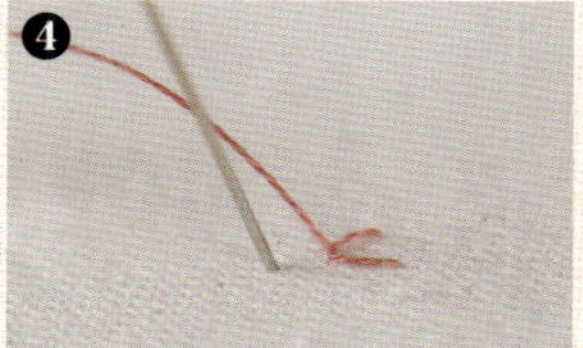

실을 징글 때 길게 징그어 Y자를 만들
면 완성입니다.

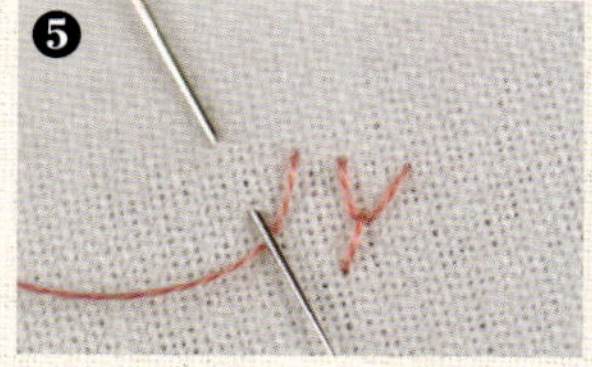

같은 방법으로 한 땀 떠서 실을 걸어준
다음

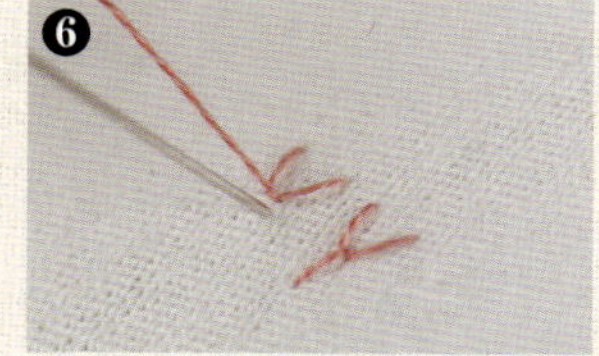

앞의 방법처럼 길게 징그지 않고 짧게
징그기도 합니다. 짧게 징그는 방법은
작은 꽃의 꽃받침으로 많이 사용합니
다. 이전 도서 《춘천, 사계절 꽃 자수》에
수록된 벚꽃의 꽃받침이 그 예입니다.

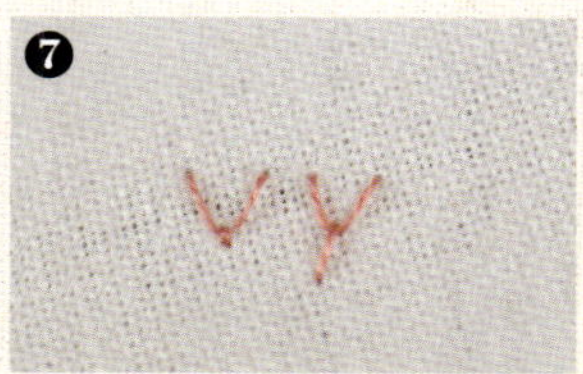

완성.

레이지데이지 스티치

꽃잎과 작은 잎을 표현합니다.
둥근 모양의 꽃잎을 표현할
때는 대각선 방향으로
수놓아가면 같은 간격으로
균형 있게 완성할 수 있습니다.

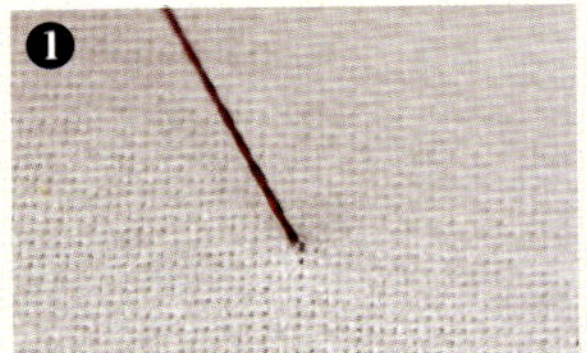

❶ 원단 아래에서 위로 바늘을 빼냅니다.

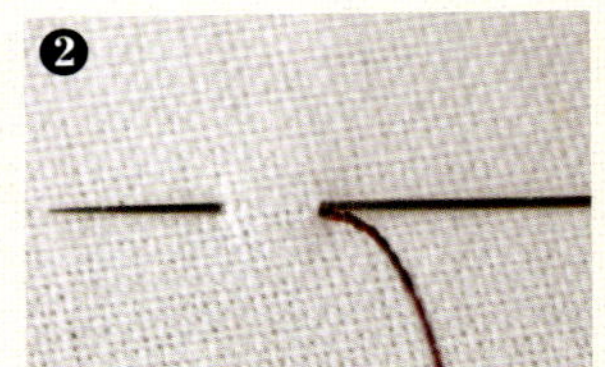

❷ 실이 나온 그 자리에서 한 땀을 뜹니다.
이때 땀의 길이가 곧 꽃잎의 길이가 되
기 때문에, 수놓을 때 표현하고자하는
꽃잎이나 잎의 길이를 고려하여 수놓
습니다.

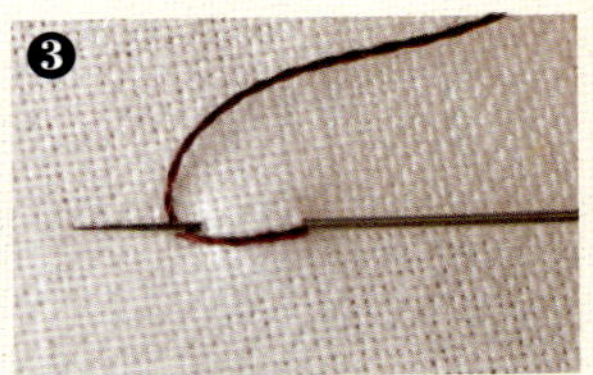

❸ 바늘 뒤로 실을 감아줍니다.

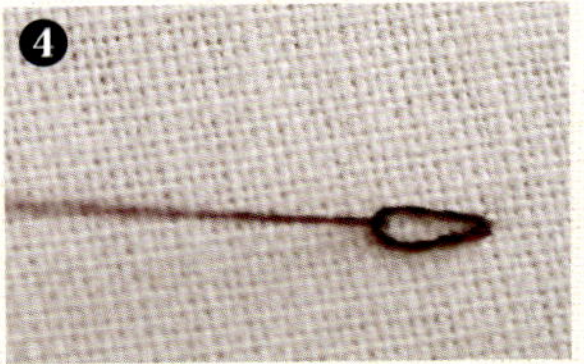

❹ 바늘이 나온 방향으로 실을 당겨줍니
다. 살짝 당기면 모양이 좀 더 둥글고,
세게 당기면 뾰족한 모양이 됩니다.

❺ 감아서 생긴 둥근 모양의 실 위쪽에 바
짝 붙여 징급니다.

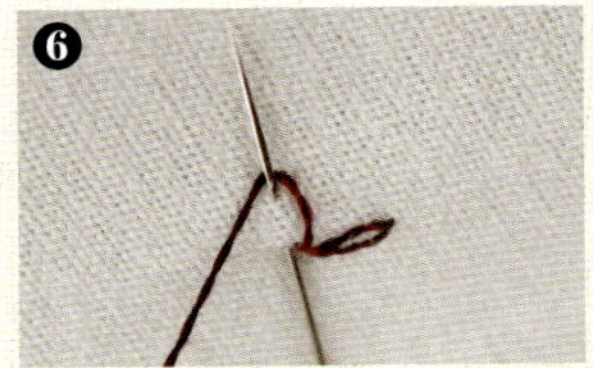

❻ 하나 더 만들어볼까요? 다시 한 땀을
떠서 바늘 뒤로 실을 감습니다.

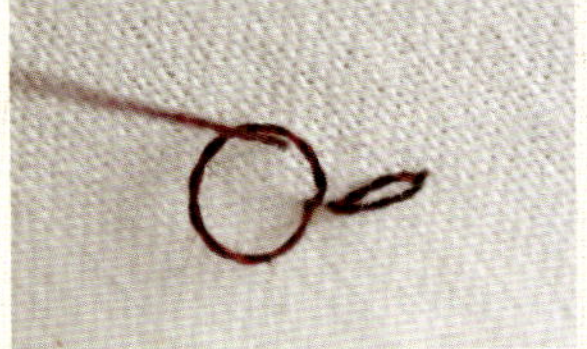

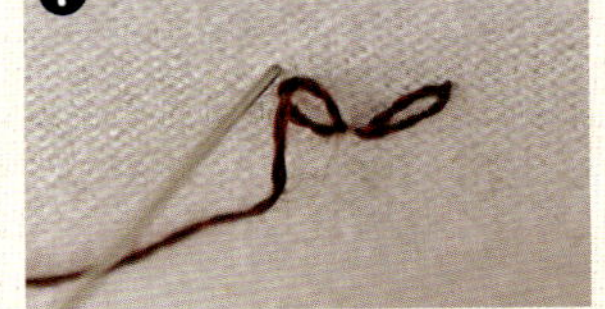

❼ 감긴 실 뒤쪽에 붙여 징급니다.

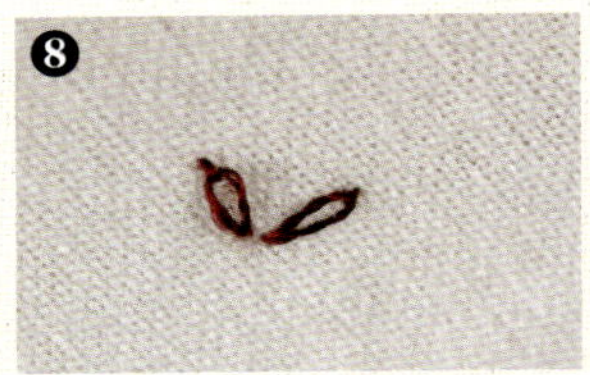

❽

완성. 레이지데이지 스티치 하나로 꽃잎과 나뭇잎을 다양하게 표현할 수 있습니다.

매듭을 지을 때처럼 바늘에
실을 둘둘 감아 만드는 입체감
있는 스티치입니다.
이 스티치는 꽃술의 머리를
표현하거나 모사를 이용해
장미꽃을 만들 때 사용합니다.

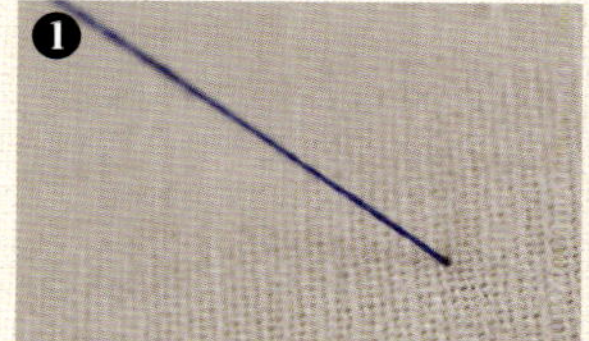

원단 아래에서 바늘과 실을 빼냅니다.

실이 나온 반대 방향에서 한 땀을 뜹니
다. 이때 한 땀의 길이는 실을 감는 횟
수와 표현하고자하는 스티치의 길이를
고려합니다.

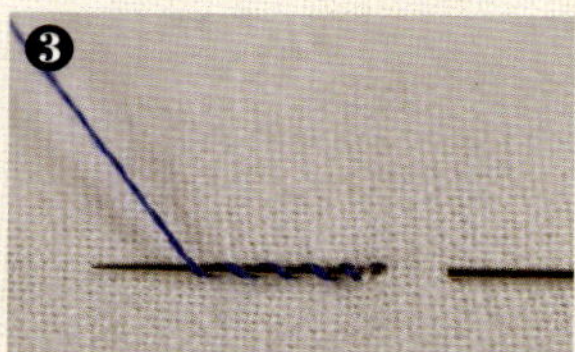

바늘에 실을 감습니다. 적어도 한 땀
뜬 길이만큼 채워지도록 실을 바늘에
감습니다. 더 많이 감게 되면 완성된 모
습이 살짝 구부러져 곡선이 됩니다. 원
하는 수의 표현에 따라 감는 횟수를 조
절하세요.

감긴 실이 풀리지 않게 잘 잡고 긴-긴
실을 통과해 바늘을 뺍니다.

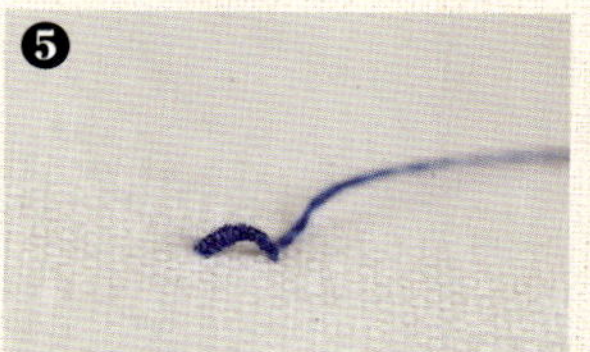

처음 실이 있던 방향으로 통과된 실을
잡아당깁니다.

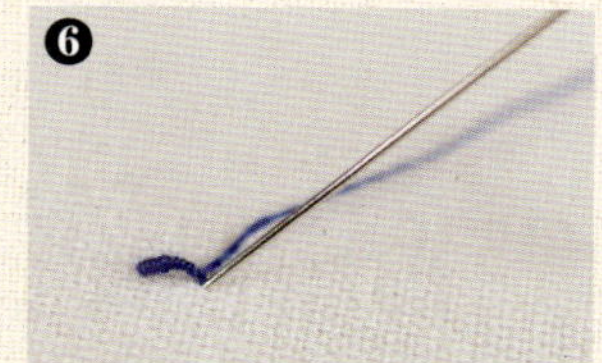

처음 실을 뺀 자리에 징급니다.

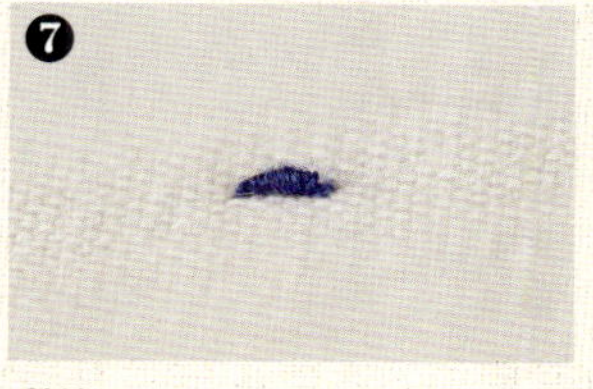

완성.

세로로 한 땀씩 수놓는
방식입니다.
꽃잎이나 꽃술 등에 쓰이며
바늘땀의 길이나 방향에 따라
다양한 모양이 만들어집니다.

아래에서 위로 바늘과 실을 빼냅니다.

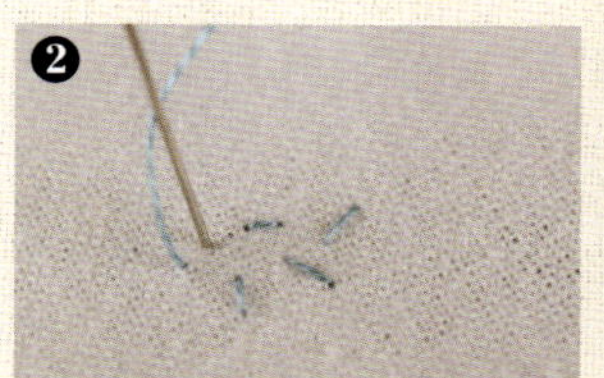

한 번의 땀으로 끝을 내는 기법입니다.
땀의 길이나 방향은 자유롭게 표현할
수 있으니, 도안의 내용을 따라 수놓습
니다.

완성.

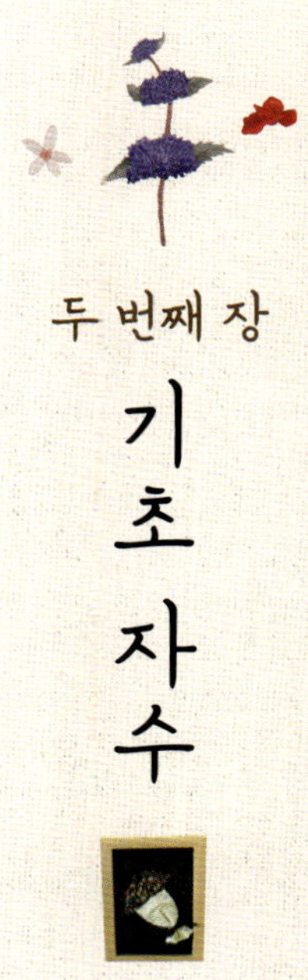

두 번째 장

기초 자수

복잡한 기법을 몰라도 스티치 몇 개만으로 예쁜 꽃수를 놓을 수 있답니다.

처음 자수를 시작하시는 분이라면 앞부분부터 꼼꼼히 읽고

기본 스티치를 여러 번 연습한 다음 비교적 쉬운 작은 들꽃부터 수놓아보세요.

찔레열매

들꽃 바늘꽂이

개나리

꼬리진달래

쥐오줌풀

며느리밥풀꽃

들꽃 다포

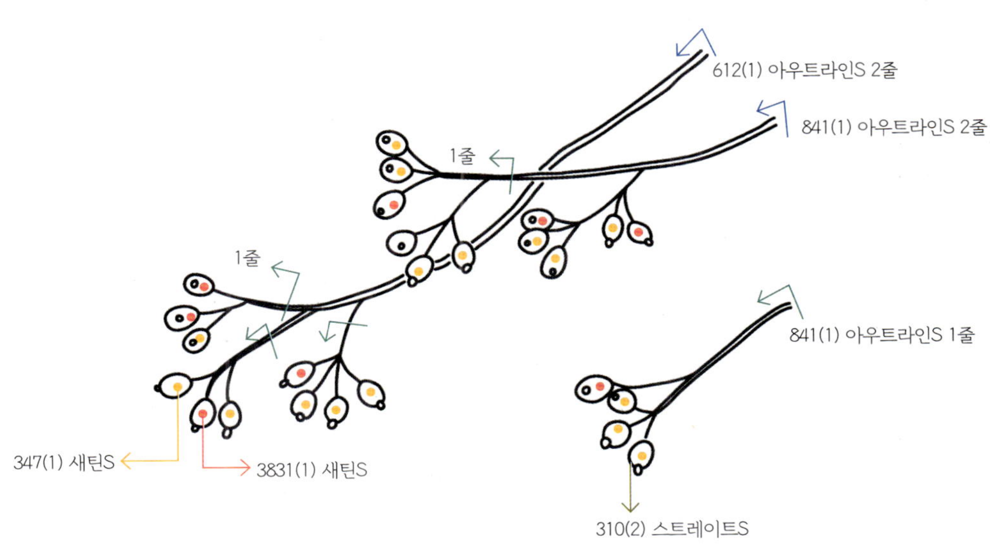
612(1) 아우트라인S 2줄
841(1) 아우트라인S 2줄
1줄
1줄
841(1) 아우트라인S 1줄
347(1) 새틴S
3831(1) 새틴S
310(2) 스트레이트S

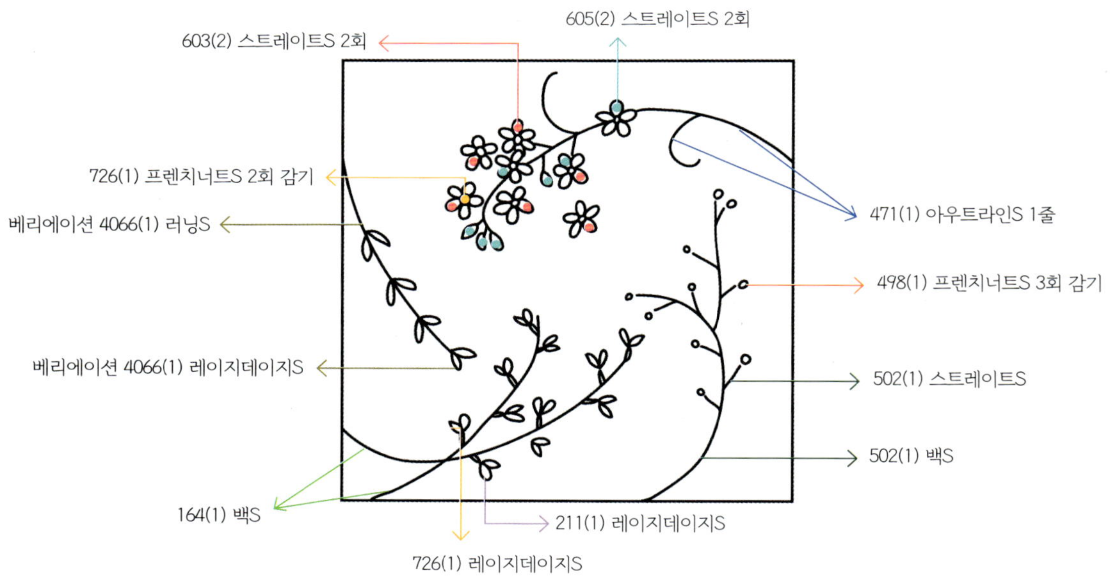
603(2) 스트레이트S 2회
605(2) 스트레이트S 2회
726(1) 프렌치너트S 2회 감기
베리에이션 4066(1) 러닝S
471(1) 아우트라인S 1줄
498(1) 프렌치너트S 3회 감기
베리에이션 4066(1) 레이지데이지S
502(1) 스트레이트S
502(1) 백S
164(1) 백S
211(1) 레이지데이지S
726(1) 레이지데이지S

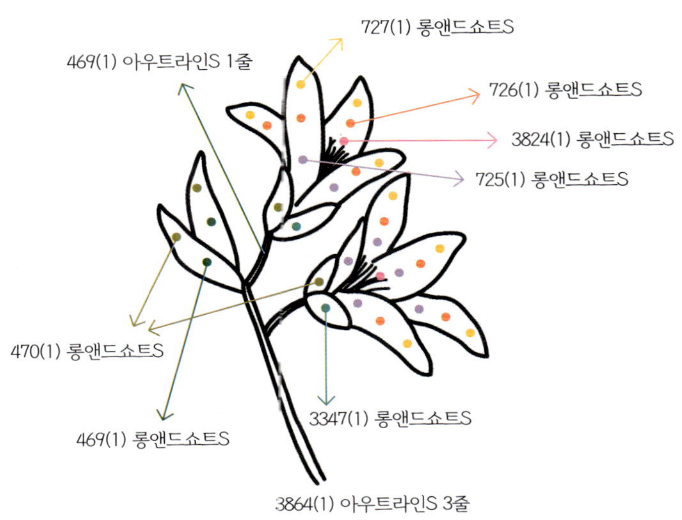
727(1) 롱앤드쇼트S
469(1) 아우트라인S 1줄
726(1) 롱앤드쇼트S
3824(1) 롱앤드쇼트S
725(1) 롱앤드쇼트S
470(1) 롱앤드쇼트S
469(1) 롱앤드쇼트S
3347(1) 롱앤드쇼트S
3864(1) 아우트라인S 3줄

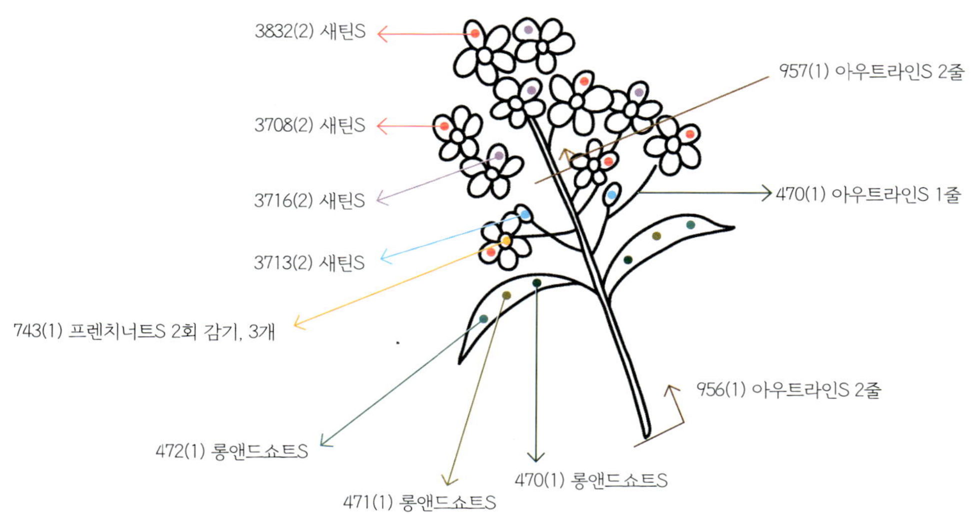

3832(2) 새틴S
957(1) 아우트라인S 2줄
3708(2) 새틴S
3716(2) 새틴S
470(1) 아우트라인S 1줄
3713(2) 새틴S
743(1) 프렌치너트S 2회 감기, 3개
956(1) 아우트라인S 2줄
472(1) 롱앤드쇼트S
470(1) 롱앤드쇼트S
471(1) 롱앤드쇼트S

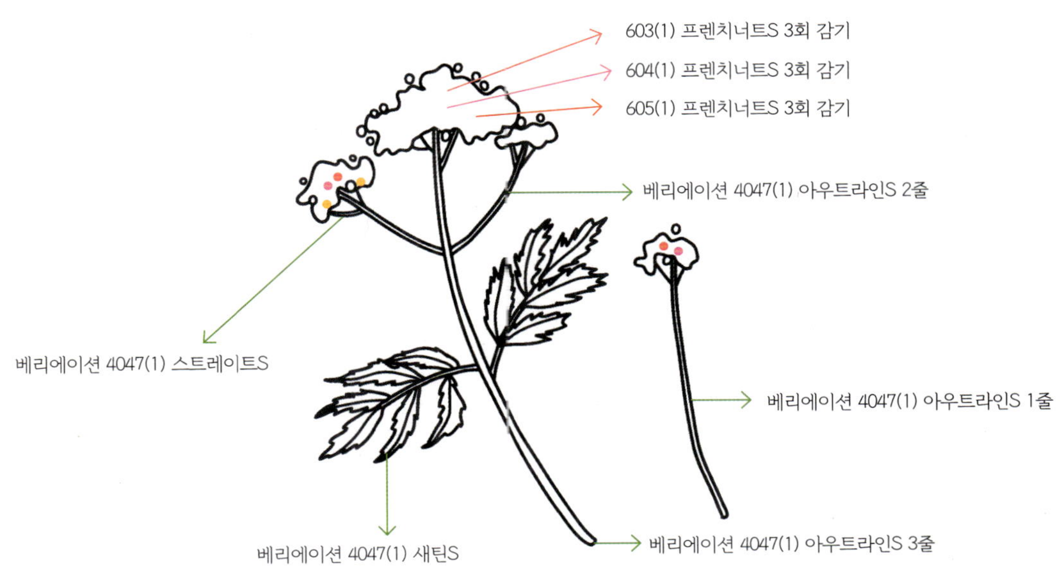
603(1) 프렌치너트S 3회 감기
604(1) 프렌치너트S 3회 감기
605(1) 프렌치너트S 3회 감기
베리에이션 4047(1) 아우트라인S 2줄
베리에이션 4047(1) 스트레이트S
베리에이션 4047(1) 아우트라인S 1줄
베리에이션 4047(1) 새틴S
베리에이션 4047(1) 아우트라인S 3줄

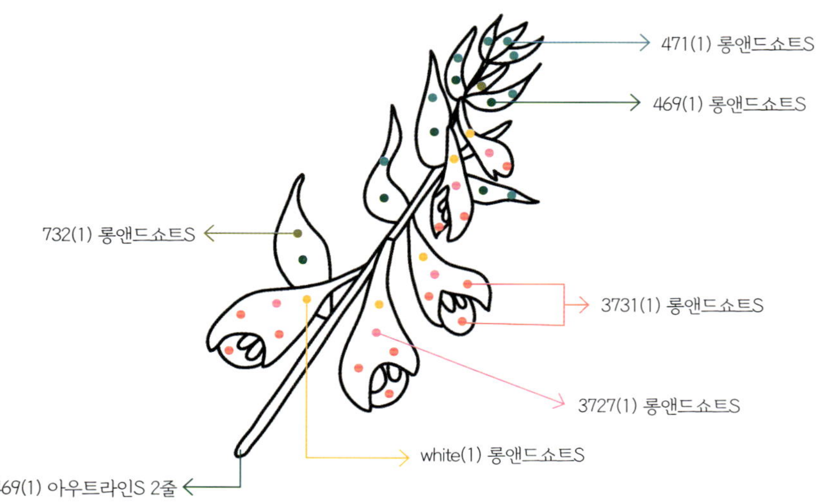

471(1) 롱앤드쇼트S
469(1) 롱앤드쇼트S
732(1) 롱앤드쇼트S
3731(1) 롱앤드쇼트S
3727(1) 롱앤드쇼트S
white(1) 롱앤드쇼트S
469(1) 아웃라인S 2줄

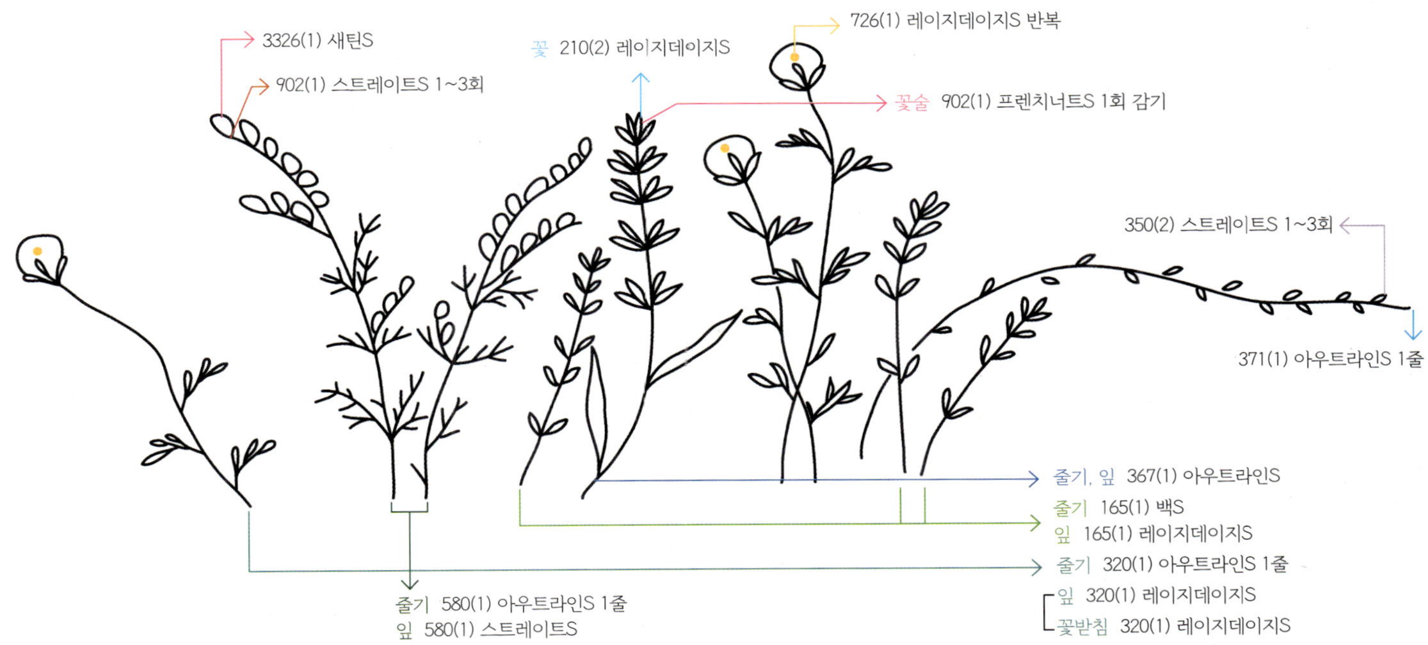
3326(1) 새틴S
902(1) 스트레이트S 1~3회
꽃 210(2) 레이지데이지S
726(1) 레이지데이지S 반복
꽃술 902(1) 프렌치너트S 1회 감기
350(2) 스트레이트S 1~3회
371(1) 아우트라인S 1줄
줄기, 잎 367(1) 아우트라인S
줄기 165(1) 백S
잎 165(1) 레이지데이지S
줄기 320(1) 아우트라인S 1줄
잎 320(1) 레이지데이지S
꽃받침 320(1) 레이지데이지S
줄기 580(1) 아우트라인S 1줄
잎 580(1) 스트레이트S

세 번째 장

춘천 들꽃 자수

생강나무꽃

김유정의 단편소설 '동백꽃'은 춘천의 실레마을 금병산 자락을 무대로 하고 있습니다.

이른 봄, 개나리 진달래가 피기 전에 노랗게 꽃망울을 터뜨리는데,

강원도에서는 이 노란 생강나무꽃을 동백꽃이라 합니다.

대개 봄꽃이 그러하듯 잎보다 꽃이 먼저 피지요.

꽃잎을 비비면 나는, 알싸한 생강냄새 때문에 생강나무라 불린답니다.

꽃술이 달리기 전에 꽃을 따서 얼려, 끓는 물을 부어 우리면

산동백의 향을 두고두고 즐길 수 있어요.

저는 매화꽃이나 목련꽃도 같은 방법으로 두었다가 일 년 내내 봄을 즐긴답니다.

동
백
꽃

물오른 생강나무

노란 꽃망울

톡톡 터지며 번지는 춘정

금병산 자락을 다 둘러도

지난 봄도

금년 봄도

내 것 같지는 않아라

그리던 시간이

쌓이듯

숲길 가득

꽃잎 지우니

그렁그렁한 달 뜨면

소녀 적 첫사랑이나

가물거릴려나

동백꽃 향기

마을 아래까지 내려와

수십 번의 봄이 가도

저 봄은

내 것은 아니로구나

🏵 실 번호

나뭇가지 A.F.E 린넨사 910, 911
꽃잎 444, 727, 3078
꽃봉오리 165, 3722
꽃받침 3722, 3776

🪡 수놓는 순서

나뭇가지 → 꽃잎 → 꽃받침 → 꽃봉오리 → 꽃받침

🪡 수놓는 법

나뭇가지
가지 수놓는 순서 ① → ② → ③
나뭇가지는 A.F.E 린넨사로 거친 느낌을 주었습니다. 뒤에 있는 가지를 먼저 표현하되,
꽃이 나뭇가지 뒤에 있다면 가장 뒤에 있는 꽃을 먼저 수놓습니다. 나뭇가지의 굵기는
가지의 부분별로 끊어 화살표로 표시하였습니다.

꽃잎
작은 꽃잎이 겹쳐 있으므로 바깥쪽의 뒤 꽃잎부터 빙 둘러 표현하고 나중에 중심 쪽을 수놓습니다.

꽃받침
꽃이 핀 꽃의 꽃받침은 3722(1), 3776(1)으로 중심 꽃잎 사이사이에 한두 땀씩 꽂아주고,
봉오리의 꽃받침은 롱앤드쇼트S로 표현합니다.

꽃봉오리
끝 쪽의 붉은빛(3722)을 먼저 놓고 연둣빛(165)으로 나머지를 채웁니다.

나뭇가지
나뭇가지 아우트라인S
나뭇가지 수놓는 순서 ① → ② → ③
A.F.E 린넨사 911(1) 1줄
A.F.E 린넨사 911(1) 1줄
A.F.E 린넨사 910(1), 911(1) 2~3줄
A.F.E 린넨사 911(1) 1줄
A.F.E 린넨사 910(1) 3줄
A.F.E 린넨사 910(1) 2~3줄
A.F.E 린넨사 910(1) 2~3줄
A.F.E 린넨사 910(1) 1줄
A.F.E 린넨사 910(1) 3~4줄
A.F.E 린넨사 911(1) 1줄
A.F.E 린넨사 2~3줄
A.F.E 린넨사 910(1) 3줄

꽃

바깥쪽 꽃잎 727(2) 새틴S
중심 쪽 꽃잎 3078(2) 새틴S

바깥쪽 꽃잎 727(2) 새틴S
중심 쪽 꽃잎 444(2) 새틴S

3722(1), 165(1), 롱앤드쇼트S
3722(1) 롱앤드쇼트S

꽃받침 3722(1) 스트레이트

냉이와 꽃다지

냉이꽃은 꽃다지와 늘 함께하지요?
둘은 꽃잎이 모두 4장으로 모양과 꽃차례가 비슷합니다.
냉이꽃은 흰 꽃, 꽃다지는 노란색으로 자수에서는 잎을 생략하였으나 잎모양도 서로 다릅니다.
씨앗도 냉이꽃은 하트 모양이고 꽃다지는 길쭉한 타원 모양이지요.
냉이꽃 자수는 도서《춘천, 사계절 꽃 자수》에도 수록되어 있는데요,
이번에는 꽃다지와 모여 피어 있는 봄 들녘의 풍경을 묘사했습니다.

냉이와 꽃다지

냉이, 꽃다지.

이름만 불러도 봄이다.

바람은 아직 차도, 퍼런 얼굴로 납작 깔린

냉이를 캐는 마음은 이미 훈풍을 타고 있다.

긴 겨울, 그리웠던

흙내음과 냉이향 단 한번에

또, 봄이로다.

그 옛날, 험한 보릿고개를 걷는 길엔

냉이 꽃다지 나물죽도, 진달래 꽃밥도

아픈 봄이었겠다.

사람들에게 다 내어주고도 예서 쪄서

하얗게 배시시 웃는 백치 같은 냉이꽃,

이유도 모른 채 언니 따라 나서서 노랗게 방글대는 꽃다지.

아픈 봄이었을 사람들에겐 희망이고 선물이었을 게다.

오늘의 보릿고개를 걷는 길에도

그리워도 뒤돌아보지 말자던, 작업장 언덕의 꽃다지가

기다리는 봄이다.

아파도 봄이다.

냉이 꽃다지가 흔들리는 봄이다.

⚜ 실 번호

냉이 줄기 372, 522, 3012, 3052
냉이 꽃잎 white
냉이 씨앗 줄기 색과 동일
꽃다지 줄기 470, 471
꽃다지 꽃잎 444, 725
꽃다지 씨앗 줄기 색과 동일

✎ 수놓는 순서

냉이꽃을 먼저 놓고난 뒤에 꽃다지를 놓습니다.
줄기 → 꽃잎 → 씨앗

✎ 수놓는 법

줄기
도안 아래에 있는 번호 순서대로 냉이를 먼저 수놓은 다음, 꽃다지를 수놓습니다.
냉이 씨앗이 달려있는 곁가지는 간혹 백S로도 표현하였습니다.

꽃잎
2가닥으로 스트레이트S로 작게 수놓습니다.

씨앗
냉이는 레이지데이지S, 꽃다지는 새틴S로 실 색상은 줄기 색과 동일합니다.

냉이와 꽃다지

실물 도안_왼쪽_95%

냉이와 꽃다지
실물 도안_가운데_95%

냉이와 꽃다지
실물 도안_오른쪽_95%

냉이꽃 white(2) 스트레이트S 2회

냉이 씨앗 : 줄기 색과 동일(1), 레이지데이지S

냉이꽃 줄기

1, 3, 6, 8, 12
3012(1) 아우트라인S 2줄
4, 7, 11
3052(1) 아우트라인S 2줄
2, 5, 10
372(1) 아우트라인S 2줄
9
522(1) 아우트라인S 2줄

냉이 **1** 꽃다지 **A** **B** **C** **D** **E** **2** **3** **4** **F**

꽃다지 줄기

B, E, H, K, L, N, O

471(1) 아웃라인S

나머지

470(1) 아웃라인S

꽃다지 꽃

A, B, C, F, L, M, Q

444(2) 스트레이트S 2회

나머지

725(1) 스트레이트S 2회

층꽃풀

층꽃풀은 잎 겨드랑이에서 수십 송이의 작은 꽃이
줄기를 중심으로 마디마다 빙 둘러 피는데
그 모습이 층을 이루어 층꽃풀이라 부릅니다.
박하꽃과도 생김새가 같고, 박하향이 나지요.
층꽃풀의 꽃말은 '가을의 여인'이랍니다.

실 번호

줄기 3064, 3773, 3859
잎 520, 522, 524, 647
꽃 156, 333, 340, 3807, 3839

수놓는 순서

줄기 → 잎 → 꽃

수놓는 법

줄기
아우트라인S로 꽃 부분은 건너뛰고 3줄 놓습니다.

잎
꽃을 수놓기 전에 잎을 먼저 새틴S로 표현합니다.

꽃
피지 않은 꽃은 2올로 프렌치너트S, 핀 꽃은 1올로 레이지데이지S입니다.
꽃이 아래쪽으로 내려갈수록 진한 색을 더 많이 사용합니다.

줄기, 잎

잎
- 524(1) 새틴S
- 647(1) 새틴S
- 522(1) 새틴S
- 520(1) 새틴S

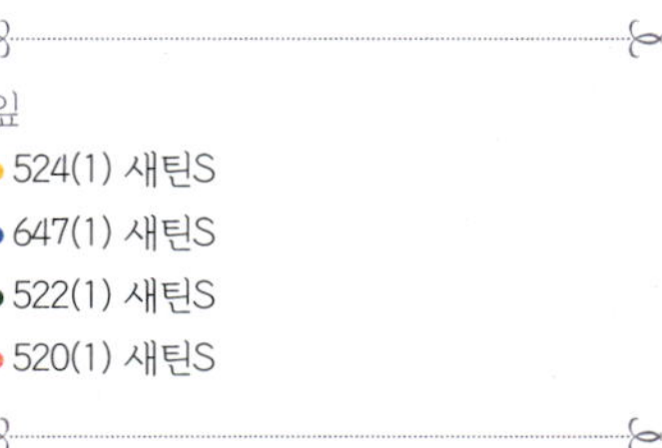

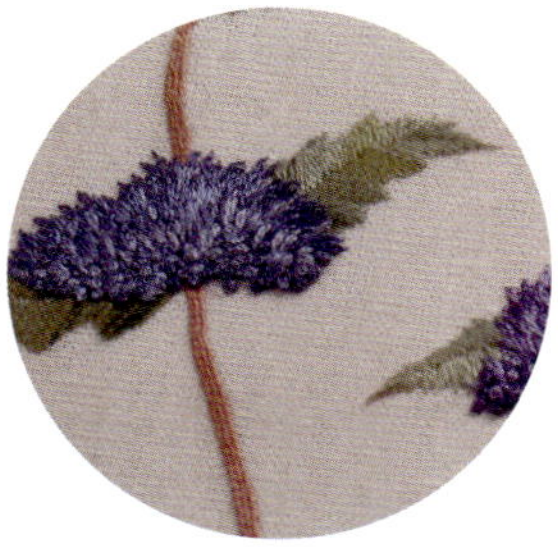

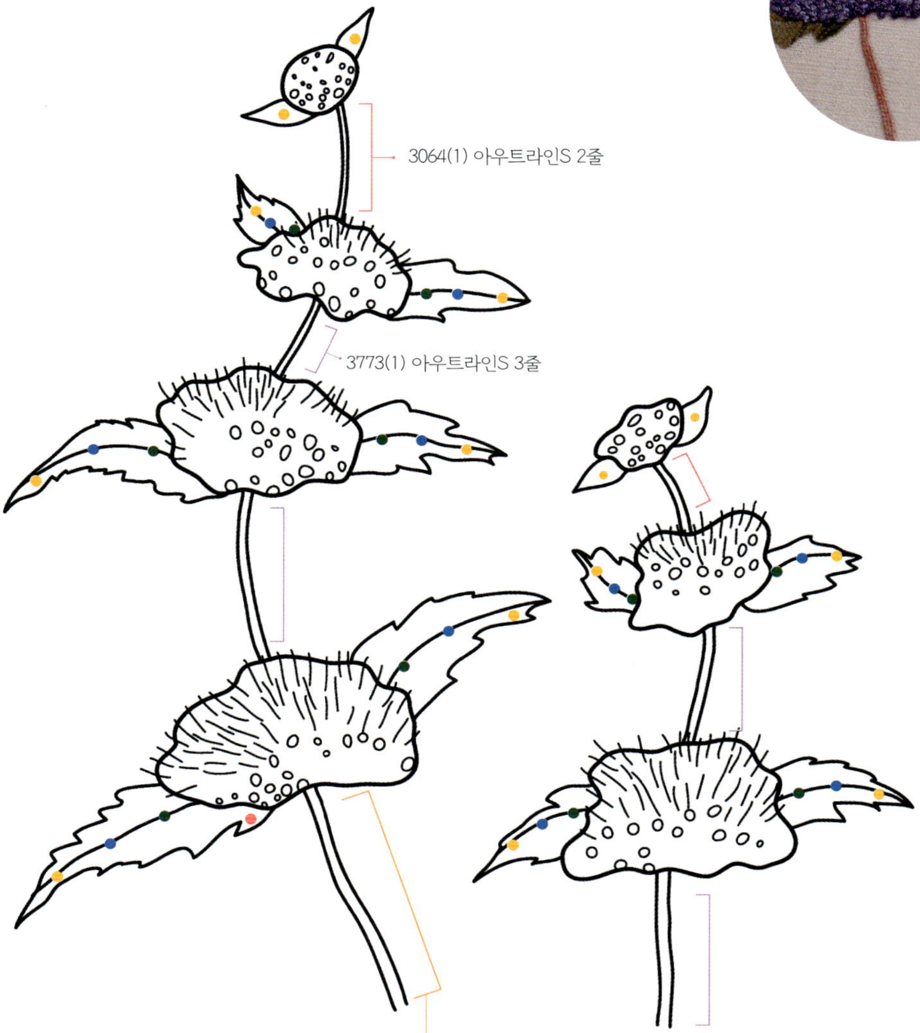
3064(1) 아우트라인S 2줄
3773(1) 아우트라인S 3줄
3859(1) 아우트라인S 3줄

꽃
● 3839(2), 156(2) 프렌치너트S
● 3839(1), 156(1), 3807(1) 레이지데이지S
● 3839(2), 156(2), 3807(2) 프렌치너트S
● 340(2) 프렌치너트S
● 340(1), 156(1), 3807(1) 레이지데이지S
● 340(2), 156(2), 3807(2) 프렌치너트S

산
복
숭
아

줄기 3862, 3863
꽃잎 760, 761, 818, 819
꽃받침 3721
잎 166, 704, 987, 988, 989
암술 445
수술머리 3721
수술대 white

줄기 → 잎 → 꽃잎 → 꽃받침 → 암술 → 수술

줄기
아우트라인S로 줄기의 윗부분은 1줄, 중간부분은 3줄, 아랫부분은 4줄을 수놓습니다.

잎
롱앤드쇼트S로 실 색을 바꾸어가며 수놓으세요. 잎의 끝쪽은 햇빛을 받아 밝게 표현했습니다.

꽃잎
롱앤드쇼트S로 꽃잎의 바깥쪽에서부터 중심 쪽으로 작업합니다.

꽃받침
꽃잎을 완성한 다음 수놓습니다.

암술
암술머리는 2올로 프렌치너트S를 2회 감고, 암술대는 스트레이트S 1번으로 끝내도 됩니다.

수술
수술머리는 2올로 아주 짧게 스트레이트S를 하고, 수술대는 white 1올로 길게 스트레이트S를 합니다.
수술머리마다 대를 표현하면 공간이 없어 답답해진답니다.
공간을 살려주며 꽃대를 수놓으세요.

줄기, 잎

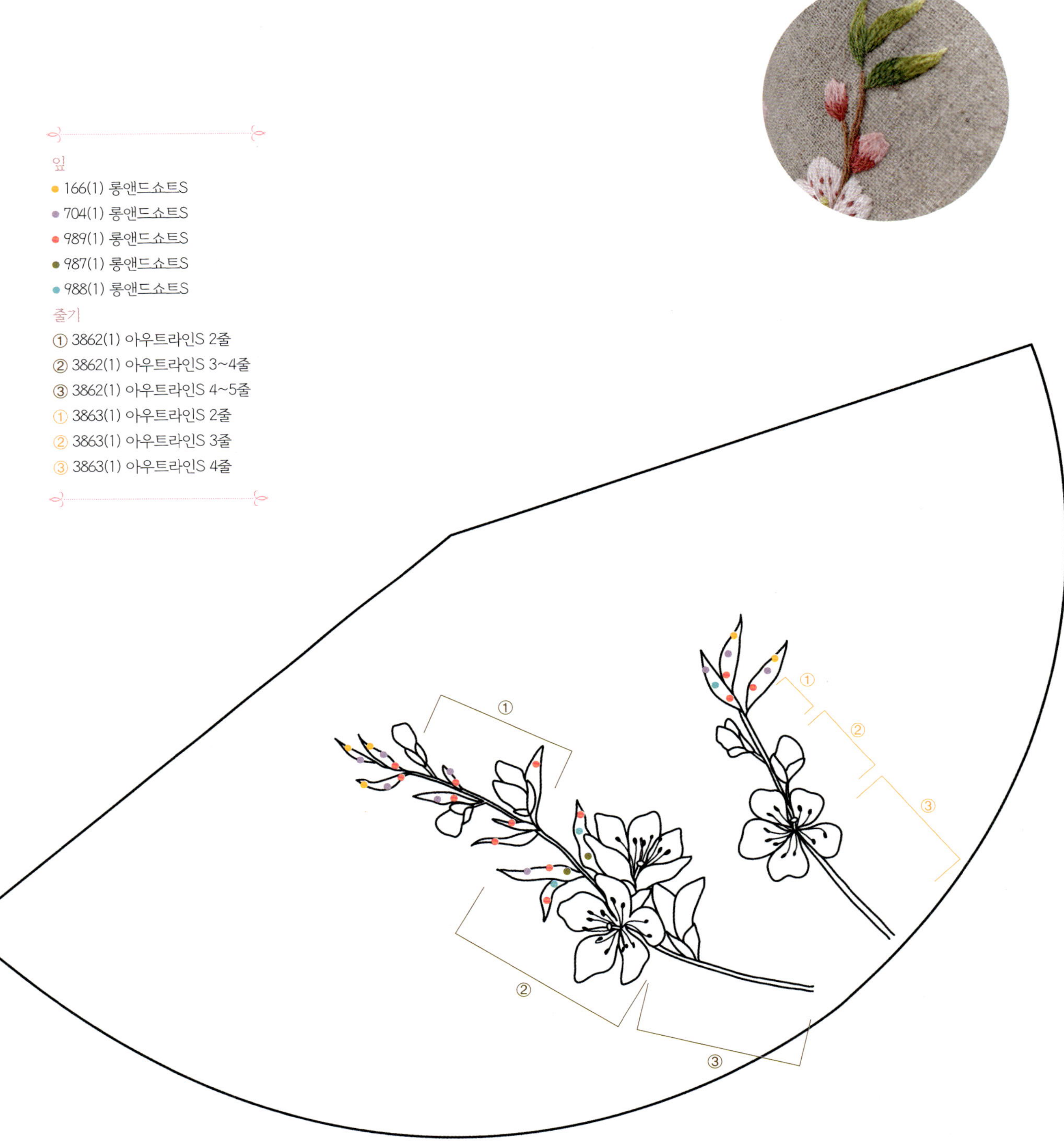

잎
- 166(1) 롱앤드쇼트S
- 704(1) 롱앤드쇼트S
- 989(1) 롱앤드쇼트S
- 987(1) 롱앤드쇼트S
- 988(1) 롱앤드쇼트S

줄기
① 3862(1) 아웃라인S 2줄
② 3862(1) 아웃라인S 3~4줄
③ 3862(1) 아웃라인S 4~5줄
① 3863(1) 아웃라인S 2줄
② 3863(1) 아웃라인S 3줄
③ 3863(1) 아웃라인S 4줄

- 761(1) 롱앤드쇼트S
- 760(1) 롱앤드쇼트S
- 819(1) 롱앤드쇼트S
- 818(1) 롱앤드쇼트S
- 꽃받침 3721(1) 롱앤드쇼트S
- ↑암술대 445(2) 스트레이트S
- ↑암술머리 445(2) 프렌치너트S
- ↑수술머리 3721(2) 스트레이트S
- ↑수술대 white(1) 스트레이트S

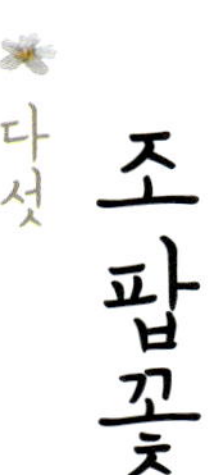

조팝꽃

실 번호

white, 470, 471, 743, 841, 3347

수놓는 순서

줄기 → 꽃대 → 잎 → 꽃 → 꽃술

수놓는 법

줄기
아우트라인S로 줄기의 윗부분은 2줄, 중간부분은 3줄, 아랫부분은 4줄을 수놓습니다.

잎
새틴S로 실 색을 번갈아가며 수놓아주세요.

꽃잎
white 2올로 새틴S를 놓아주세요.

꽃술
활짝 핀 꽃의 중심에 1올로 프렌치너트S를 2회 감아 3~4개 놓습니다.

✿ 조팝꽃

꽃잎
white(2) 새틴S
꽃대
잎의 실 색상과 동일(1) 스트레이트S
꽃술
743(1) 프렌치너트S
잎
470(1), 471(1), 3347(1)
나뭇가지
841(1) 아우트라인S

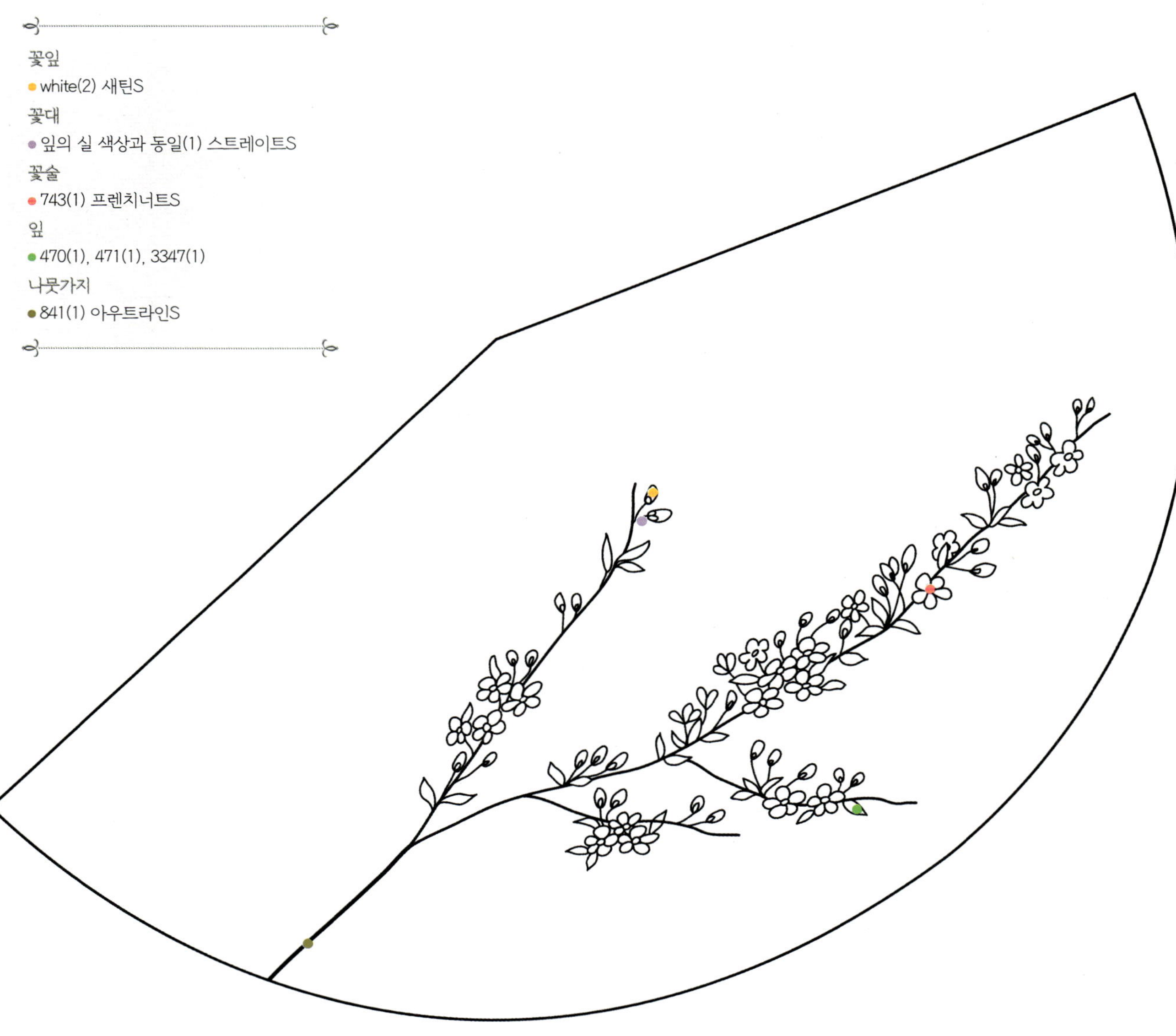

들꽃다발 1

예전엔 졸업식에나 받았던 꽃다발이

지금은 특별한 날이 아니어도 받을 만큼 흔해졌다.

축하해, 고마워, 사랑해, 미안해…

꽃과 함께 품었던 말도

손쉽게 전할 수 있는 시대를 살고 있다.

인사도 꽃도 선물도 넘친다.

흔해지고 쉬워졌다고 해서

전하는 마음이야 다르겠냐마는

고마운 일인데

받고도 공허함이 남을 때가 있다.

특별한 날의 수많은 꽃다발이

감동의 기억으로 남아 있던가?

특별하지 않은 어느 날

숲길을 함께 걷다 건네준

개망초 한 다발이

두고두고 떠올라 미소를 짓게 한다.

그럴싸한 포장지의 꽃 같은 말은

꽃 지면 쓰레기다.

담 낮추어

마당에 풀씨 날아들게 하여

함께 수고로움을 나누고

밤이면 더욱 커지는 풀벌레소리가

가득해서 위로가 되는

꽃 져도 열매 단단해지는

세월을 살고 싶다.

작은 꽃들을 모아서 꽃다발로 표현했습니다.
도안이 빼곡하게 차 있어 얼핏 어려워 보이지만 쉬운 기법이므로 누구나 할 수 있습니다.
먼저 큰 꽃들(①, ②)을 배열하여 수놓고 작은 꽃들(③, ④, ⑤)을 빈 공간에 채우는 방법으로 수놓습니다.

🌑 실 번호

줄기 3347, 복합사(DMC 베리에이션) 4040, 4047, 4069
꽃 white, 복합사(DMC 베리에이션) 4022, 4069, 4200, 4250
꽃술 725

✏ 수놓는 순서

도안을 다 옮기려면 작고 복잡해서 옮기기도 어렵고, 수놓을 때도 헷갈리기 때문에
이 작품은 전체도안을 먹지로 한꺼번에 옮기지 않습니다.
먼저 ①과 ②꽃들만 먹지에 대고 옮겨 수놓기를 끝낸 다음,
③, ④, ⑤꽃은 천 위에 수성펜으로 원하는 위치나 도안과 비슷한 위치에 자유롭게 직접 그려 수놓습니다.

✒ 꽃다발 마무리

꽃을 감싼 천은 자투리 천을 이용하세요.
원단을 이용하여 꽃다발 모양을 만들어주고 끈으로 리본을 묶어준 다음 공그르기로 마감했습니다.

꽃 ①
- 725(1) 프렌치너트S
- white(2) 스트레이트S

줄기
- 3347(1) 아우트라인S

꽃 ②
- 베리에이션 4200(1) 프렌치너트S
- 베리에이션 4040(1) 아우트라인S

꽃 ③
○ 베리에이션 4250(1) 레이지데이지S
● 베리에이션 4047(2) 스트레이트S
● 베리에이션 4047(1) 아웃라인S
꽃 ④
꽃잎 베리에이션 4022(2) 스트레이트S 2회
꽃술 725(1) 프렌치너트S
꽃 ⑤
꽃 복합사 4069(1) 프렌치너트S
줄기 베리에이션 4069(1) 스트레이트S

질
경
이
꽃

질
경
이

그 숲에 가길 잘했다.

삼키지 못하고

토해내는

소리는

골마다 운무로 품어

질경이꽃으로 피고…

다시

풀벌레 소리로

가득하다.

🧵 실 번호

줄기 371, 581, 3053
꽃 224, 353, 760, 761

🕐 수놓는 순서

줄기 → 꽃

✏️ 수놓는 법

줄기
도안 아래에 있는 번호 순서대로 줄기를 아우트라인S로 2줄을 수놓습니다.
꽃 대궁의 중간 부분은 1줄만 수놓습니다. 뒤에 있는 줄기와 꽃을 먼저 수를 놓고,
앞쪽의 줄기와 꽃을 수놓습니다.

꽃
꽃을 표현할 때에는 줄기 색으로 띄엄띄엄 레이지데이지S를 6~7개 정도 수놓은 다음,
꽃 색을 번갈아가며 프렌치너트S를 놓되 살짝살짝 줄기가 보이도록 공간을 살려줍니다.
너무 빼곡하지 않도록 주의합니다.

❋ **질경이꽃**
실물 도안_70%

줄기

1, 2, 4, 5, 10, 11, 12, 15, 16
3053(1) 아우트라인S 2줄

3, 7, 8, 9, 13, 18, 19
581(1) 아우트라인S 2줄

6, 14, 17
371(1) 아우트라인S 2줄

※ 꽃 부분의 줄기는 1줄만 수놓습니다.

1
2
9
10
8
3
4
5
6
7

꽃
224(1), 353(1), 760(1), 761(1) 프렌치너트S
줄기 색으로 꽃 대부분에 레이지데이지S로
듬성듬성 작게 수놓은 다음 프렌치너트S로 채웁니다.
이때 꽃대의 줄기 부분이 살짝살짝 드러나는 것이
보기 좋습니다.

14

16

15   18

11   12

19

17

13

여덟

달맞이꽃

꽃밭에서 흔히 보는 달맞이는 원예종으로 개량되어
꽃이 크고 키가 아담한 달맞이꽃으로 낮달맞이라고도 하는데 봄에도 핍니다.
여름철 저의 오두막 주변에 피는 달맞이꽃은 토종으로 키가 크고 밤에 활짝 피며 그 향이 그윽합니다.
이 무렵에는 칡꽃도 함께 볼 수 있는데요,
칡꽃과 달맞이꽃을 따서 꿀에 재워 시원하게 냉차로 마시면서
달빛 받은 달맞이를 바라보는 것도 한여름 밤의 낭만이지 싶습니다.

달맞이꽃

낮이
낮이
부끄럽다.
길 잃은 짐승의
간절한 눈빛
멈춘 하늘에
마지막 달이 걸렸다.
순한 짐승의 눈에
맺힌 이슬
거기……

달맞이꽃이 환하다.

🌼 실 번호

줄기 367, 469, 937, 3052
꽃 725, 726, 973
꽃봉오리 165, 166
꽃받침 165, 472
달 3747

✎ 수놓는 순서

줄기 → 잎 → 꽃 → 꽃받침

✐ 수놓는 법

줄기
아우트라인S로 2줄을 수놓습니다.

잎
밤에 바라본 달맞이라서 잎의 면을 채우지 않아 꽃을 두드러지게 하였습니다.

꽃
아래쪽에 고개를 숙이고 시든 달맞이꽃이 있는데
시든 꽃과 핀 꽃의 아래쪽에는 725번으로 진한 노란색으로 표현합니다.
꽃받침은 꽃을 모두 수놓은 다음 레이지데이지S로 표현합니다.

달
도안에는 없지만 어두운 천 바탕에 수를 놓을 때는
초승달이나 그믐달을 그려 롱앤드쇼트S로 표현하고,
밝은 천 바탕이라면 달을 수놓지 않아도 됩니다.

달맞이꽃
실물 도안_왼쪽_80%

줄기

○ 367(1) 아우트라인S 2줄
367, 469, 937, 3052번의 실을 각 줄기마다
한가지색으로 번갈아 사용합니다.

잎

● 줄기와 동일한 색으로 아우트라인S로 바
깥라인만 표현합니다.

※ 달을 표현할 경우 3747(1) 롱앤드쇼트S

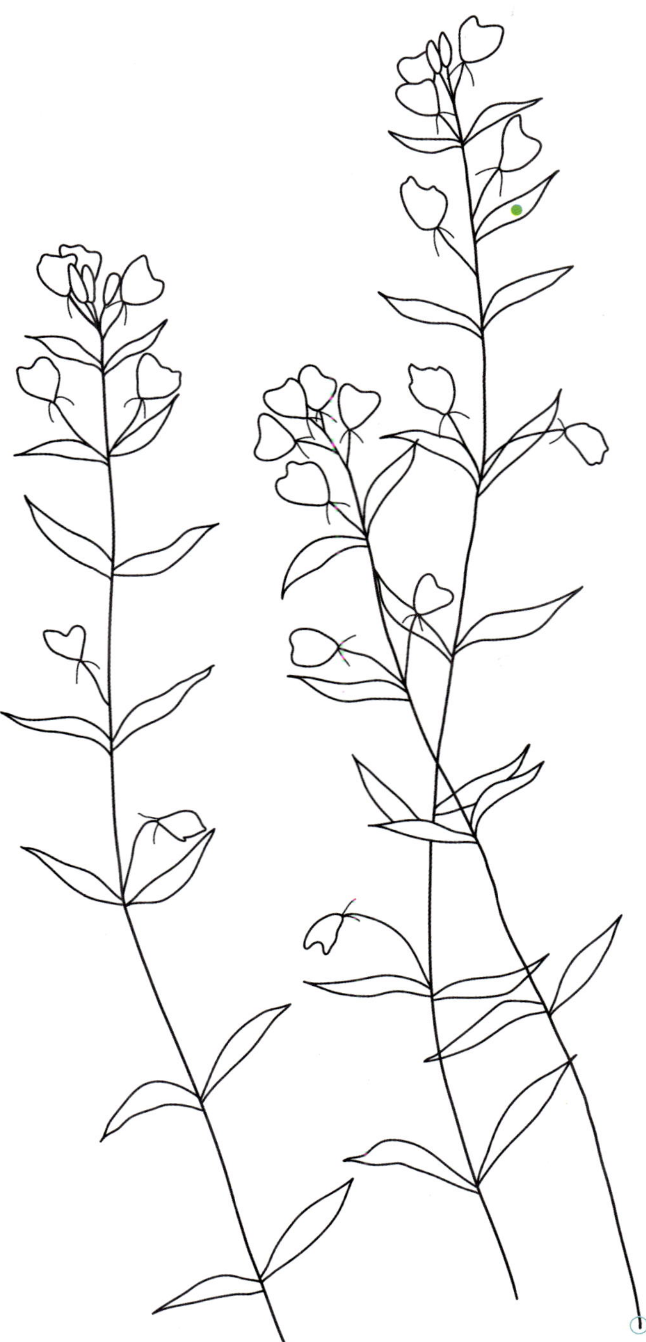

 오른쪽

꽃봉오리
● 165(1), 166(2) 새틴S
꽃
● 726(1) 또는 973(1) 새틴S
진꽃
● 725(1) 새틴S
꽃받침
● 165(1) 또는 472(1) 레이지데이지S

환
하
다

승호대 은하수

풍년화

풍년화는 원산지가 일본으로, 개화기 때 처음 들어와서 야생이라기보다는 조경수로 가꾸는 경우가 많습니다.

꽃은 4월에 잎보다 먼저 피고 노란색과 붉은빛이 돌며,

그 모양이 풍성하여 풍년화라고도 하고

꽃이 일찍 피면 그해 풍년이 든다고도 하여 풍년화라 부르기도 한답니다.

꽃잎이 돌돌 말려 있다가 만개하면 퍼지는 모습도 신기하고

어릴 적 운동회 때 흔들던 응원 도구 같기도 하여 재미있습니다.

줄기 840, 3790

꽃봉오리 3790

꽃잎 973

꽃받침 3776, 3777, 3778

꽃술 3777, 3778

수놓는 순서

줄기 → 꽃 → 꽃받침 → 꽃술

수놓는 법

줄기

곁가지를 먼저 시작합니다. 840(1) 아우트라인S로 1줄을 다 놓은 다음 1줄을 더 붙여서 모두 2줄을 수놓습니다. 중심이 되는 가지는 2줄은 840(1) 아우트라인S로, 3번째 줄은 3790(1) 번으로 역시 아우트라인S로 합니다.

꽃잎

뒤쪽에 있는 꽃잎을 아우트라인S로 먼저 놓습니다. 꽃잎 색은 모두 같은 973(1)입니다.

꽃받침

꽃받침은 중심 쪽을 향해서 새틴S로 표현했습니다. 3776(1), 3777(1), 3778(1) 3가지 색을 번갈아 사용합니다.

꽃술

꽃술은 꽃받침과 다른 3777(1), 3778(1)색으로 프렌치너트S로 놓습니다. 꽃받침 안쪽에 2회 정도 감아서 3~4개 정도 수놓습니다.

❋ 풍년화
실물 도안_100%

✳ 줄기, 꽃

곁가지
○ 840(1) 아우트라인S 2줄

줄기
○ 840(1) 아우트라인S 2줄
○ 3790(1) 아우트라인S 1줄

꽃잎(전체) ● 973(1) 아우트라인S, 2~3줄
● 3777(1) 새틴S
● 3778(1) 새틴S
● 3776(1) 새틴S

꽃봉오리
● 3790(1) 새틴S

※ 꽃술
중심의 꽃받침 안쪽에 3777(1), 3778(1) 중 하나를 선택해서 프렌치너트S로 3~4개 표현합니다.

잎보다 먼저 피고 노란색과 붉은빛이 돌며,

그 모양이 풍성하여 풍년화라고도 하고

꽃이 일찍 피면 그해 풍년이 든다고도 하여

풍년화라 부르기도 한답니다.

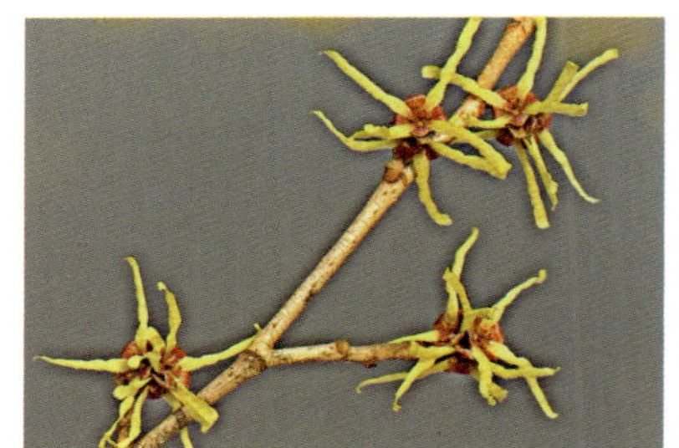

열

양귀비와 풀꽃

붉은 양귀비꽃 사이로 잔 풀꽃들을 수놓아 재미를 주었습니다.

양귀비는 아편의 꽃이자, 동양에서는 미인의 상징으로 어느 쪽이든 치명적입니다.

아편은 덜 익은 씨앗꼬투리에 상처를 내어 흐르는 유액을 모아 만듭니다. 민간에서는 진통제, 지사제 등 대부분 약재로 사용하다가 임오군란을 계기로 청군이 우리나라에 주둔하면서 아편 흡연이 널리 퍼지게 되었으며, 현재는 '마약법'으로 재배에 규제를 받고 있지요.

중국에서는 아들의 아내인 양귀비를 사랑한 현종이 자멸의 길을 걸었습니다. 명나라 때는 흡연에 의한 아편 중독이 사회적 문제가 되었고, 청나라 때 두 번의 아편전쟁 또한 치명적이었습니다. 이 전쟁으로 인해 중국 근대사의 불행이 시작되었고 열강의 침탈이 가속화되었습니다.

이렇듯 양귀비는 그 이름만 떠올려도 강렬하고 파괴적이기만 할까요? 요즘 흔히 볼 수 있는 양귀비꽃은 개양귀비로, 붉은 양귀비의 꽃말은 위로와 위안입니다. 고대 그리스와 로마에서는 죽은 자를 위해 부활을 상징하는 붉은 양귀비를 바쳤다고 합니다.

또한 푸른빛의 히말라야 양귀비는 부탄 왕국의 나라꽃입니다. 이곳의 1인당 국민소득은 3천 달러에 미치지 못하지만, 국민행복지수 조사에서 전 세계 국가 중 1위를 차지하였습니다. 가난하지만 행복한 나라입니다.

양귀비의 잘 익은 씨앗은 빵, 사탕, 과자, 새의 모이 등에 쓰이기도 합니다. 아편은 중추신경계통에 작용하며 진통·진정작용이 뛰어나고 해소에 특효를 나타내며, 이질·설사에도 지사 효과가 있습니다.

무엇이든 과하면 탈이 납니다.
물질이 넘치는 세상이지만 사람들은 더 살기가 팍팍하고 우울합니다.
치명적 아름다움의 양귀비가 아니라
새 살이 되고 위로가 되는 양귀비를 거리 곳곳에 심어
진정한 행복의 미소가 번지길 바라봅니다.

🌸 실 번호

양귀비 줄기, 꽃받침, 잎 991, 992, 993
양귀비꽃 321, 349, 816, 817
풀꽃 줄기 368, 502, 505, 3815
풀꽃 white, 208, 210, 211
앞치마 풀꽃 white, 210, 987, 989

✏️ 수놓는 순서

양귀비를 먼저 놓은 후 풀꽃들을 앞으로 배치하세요.
줄기 → 꽃 → 꽃받침 → 잎

🖊 수놓는 법

줄기
모든 줄기는 아우트라인S로 표현합니다.

양귀비 꽃
꽃잎은 롱앤드쇼트S로, 뒤쪽 꽃잎부터 수놓습니다. 꽃의 중심으로 갈수록 색은 짙어집니다.

잎
새틴S로 중심잎맥을 양편으로 나누어 수놓습니다.

풀꽃
흰색과 보라색 꽃으로, 2가닥으로 2회 정도 연속으로 스트레이트S를 합니다.

앞치마 풀꽃
실물 도안_100%

양귀비

양귀비 꽃
● 349(1) 롱앤드쇼트S
● 321(1) 롱앤드쇼트S
● 816(1) 롱앤드쇼트S
● 817(1) 롱앤드쇼트S
● 992(1) 롱앤드쇼트S
● 991(1) 롱앤드쇼트S
잎
● 993(1) 새틴S
● 992(1) 새틴S
● 991(1) 새틴S
가지
991(1) 아우트라인S 2줄
992(1) 아우트라인S 2줄

풀꽃
줄기 수놓는 순서
①→②→③→④→⑤→⑥→⑦→⑧

흰 풀꽃
2, 3, 6, 7
● white(2) 스트레이트S 2회
보라색 풀꽃
1, 4, 5, 8
● 211(2) 스트레이트S 2회
● 210(2) 스트레이트S 2회
● 208(2) 스트레이트S 2회
풀꽃 줄기 놓는 순서
1=4=6 505(1) 아우트라인S 1줄
2=5 368(1) 아우트라인S 1줄
3=7 502(1) → 505(1) 아우트라인S 1줄
8 505(1) → 3815(1) 아우트라인S 1줄

1
2
3 4
5
6
7
8

앞치마 풀꽃

꽃
● white(2) 스트레이트S 2회
꽃
● 210(2) 스트레이트S 2회
줄기
● 987(1) 아우트라인S 1줄
● 989(1) 아우트라인S 1줄

열하나

동강할미꽃

동강할미꽃

정선에 가면

아우라지 뱃사공만 보지 말고

이 꽃도 좀 보세요.

석회암 절벽 틈 사이사이 뿌리를 내리고

산 고개를 구불구불 돌아 흐르는

동강이 전하는 이야기 들으며

한 해에 한 송이씩 식구를 늘려가는 꽃이 있다.

경칩이 지나면 피기 시작하는 동강할미꽃은

3월이라지만 바람 끝은 아직도 매서워

갓 태어난 강아지새끼들마냥

옹기종기 살 부비며 서로를 의지한다.

꼿꼿한 꽃대로 태양을 마주하지만

그 눈길은 새색시같이 수줍고

여린 솜털 파르르 떨며

더디 오는 봄을 부른다.

특이하게 지역명이 학명에 오른 동강할미꽃은

한국특산식물로 동강 일대 기암절벽에 자생한다.

동강댐 건설이 추진되던 때 이 꽃을 지키고자 했던

마을사람들의 노력이 댐 건설을 막아냈다.

매년 3월말 동강로 일대에서 동강할미꽃 축제도 연다고 하니

가서,

동강을 품은 자랑스러운 동강할미꽃을 보자!

🌸 실 번호

바위 A.F.E 린넨사 4001, 4002
꽃받침, 줄기 370, 371, 372, 611, 612, 640,
　　　　　　　　642, 646, 647, 831, 3013, 3032
꽃 208, 209, 210, 211
꽃술 327, 712, 726

🪡 수놓는 순서

바위 → 꽃받침 → 줄기 → 꽃 → 꽃술

🪡 수놓는 법

바위
석회암의 거친 느낌을 린넨사를 사용해서 1/3 아우트라인S로 표현했습니다.

꽃받침, 줄기
꽃 뒤쪽에 있는 꽃받침을 먼저 놓습니다. 꽃받침과 줄기의 색은 같습니다.
잔풀처럼 보이는 것들은 동강할미꽃의 새순들입니다. 여기에도 줄기와 비슷한 색상들을 사용했습니다.

꽃
꽃은 롱앤드쇼트S로 뒤쪽의 꽃잎을 먼저 놓습니다. 중심 쪽으로 갈수록 좀 더 진한 보랏빛을 띱니다.

꽃술
꽃술의 중심은 진보라, 테두리는 노란빛이며 꽃술대를 먼저 놓은 다음에 꽃술을 프렌치너트S로 수놓습니다.

꽃받침
- 647(1) 롱앤드쇼트S
- 642(1) 롱앤드쇼트S
- 646(1) 롱앤드쇼트S
- 3032(1) 롱앤드쇼트S
- 640(1) 롱앤드쇼트S
- 612(1) 롱앤드쇼트S
- 3013(1) 롱앤드쇼트S
- 371(1) 롱앤드쇼트S
- 831(1) 롱앤드쇼트S

잎
- 370(1), 372(1), 611(1), 612(1), 640(1), 642(1), 831(1), 3032(1) 번걸아가며 사용, 롱앤드쇼트S

🌸 꽃, 바위

꽃
● 211(1) 롱앤드쇼트S
● 210(1) 롱앤드쇼트S
● 209(1) 롱앤드쇼트S
● 208(1) 롱앤드쇼트S
꽃술
● 726(1) 프렌치너트S
● 327(1) 프렌치너트S
꽃술대
● 712(1) 스트레이트S
바위
A.F.E 린넨사 4001(1), 4002(1)
1/3 아우트라인S

말오줌때나무와 나비

가을이 깊어지면 숲길에서 꽃보다 예쁘게 맺힌
말오줌때나무의 열매를 종종 볼 수 있어요.
현실적으로 나비가 날아들지는 않지만,
잎이 진 빈 가지가 허전해 나비를 함께 수놓았어요.

줄기 420, 436, 437
열매 껍질 321, 347, 349
열매 820
나비 ① 155, 598, 813, 823, 995, 996
나비 ② 743, 744, 3041, 3042
나비 ③ 563, 564, 772, 820, 823, 3842, 3843
나비 ④ 310, 422, 712, 3832
나비 ⑤ 310, 422, 712, 726

✂️ 수놓는 순서

줄기 → 열매 껍질 → 열매 → 나비

🪡 수놓는 법

줄기
아우트라인S로 4줄에서 2줄을 수놓습니다. 열매가 달린 끝가지는 1줄입니다.

열매 껍질
뒤쪽의 껍질은 좀 진한 색으로, 앞쪽은 밝은 색으로 수놓았습니다.

나비
나비는 날개 안쪽에서부터 바깥쪽으로 먼저 수놓고, 몸통과 더듬이는 마지막으로 수놓습니다.
날개 부분에 둥근 무늬가 있는 것들은 새틴S로 먼저 채우고, 넓은 면은 안쪽에서부터 롱앤드쇼트S로 색을 바꾸어가며 수놓습니다.

말오줌때나무와 나비 ①
실물 도안_70%

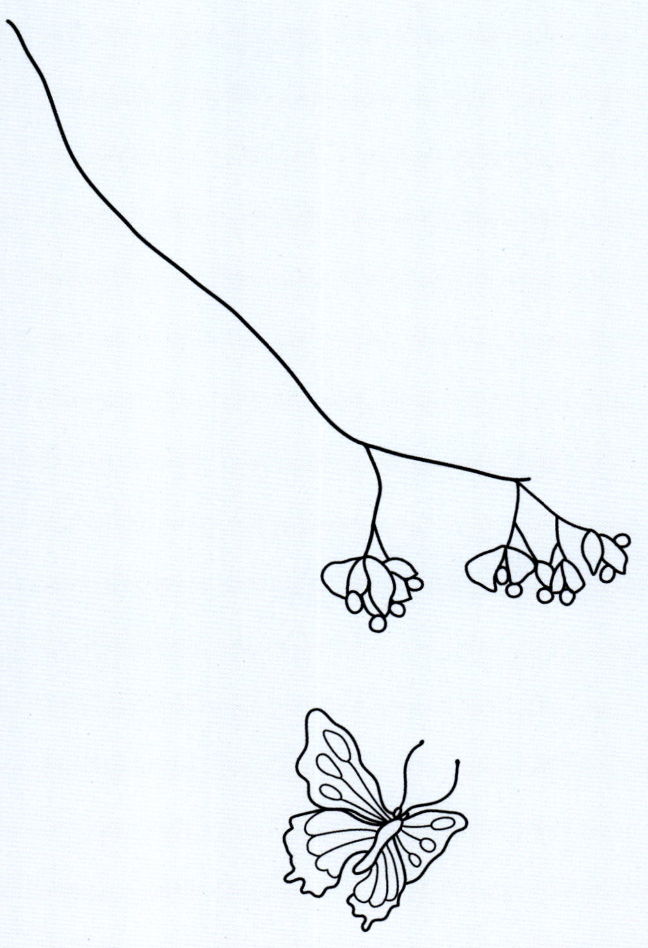

말오줌때나무와 나비 ③
실물 도안_90%

말오줌때나무와 나비 ①

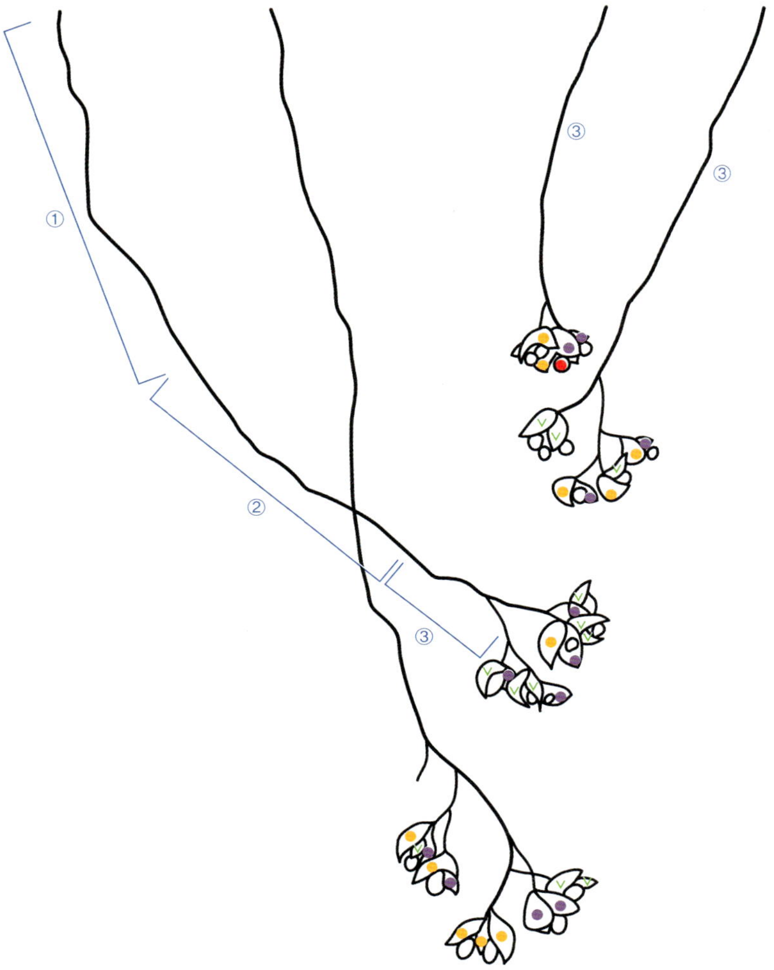

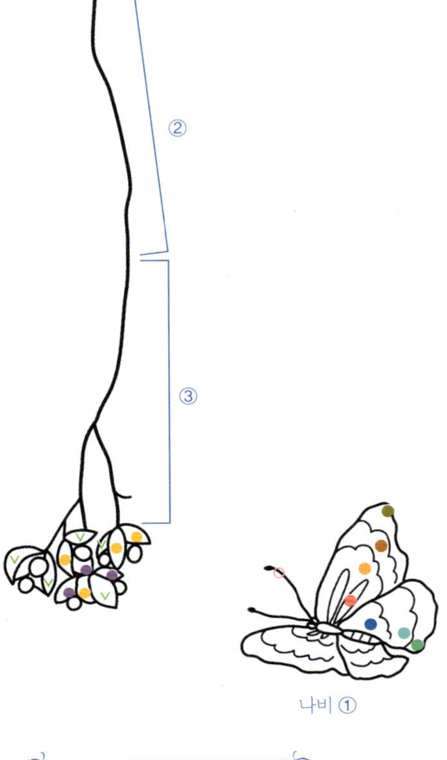

나비 ①

줄기

① 420(1), 436(1) 아우트라인S 4줄

② 436(1), 437(1) 아우트라인S 3줄

③ 437(1) 아우트라인S 2줄

열매 껍질

- ∨ 349(1) 새틴S
- ● 321(1) 새틴S
- ● 347(1) 새틴S

열매

- ● 820(1) 새틴S

나비 ①

- ○ 823(1) 아우트라인S
- ● 813(1) 롱앤드쇼트S
- ● 996(1) 롱앤드쇼트S
- ● 995(1) 롱앤드쇼트S
- ● 598(1) 롱앤드쇼트S
- ● 813(1) 롱앤드쇼트S
- ● 155(1) 롱앤드쇼트S
- ● 823(1) 롱앤드쇼트S

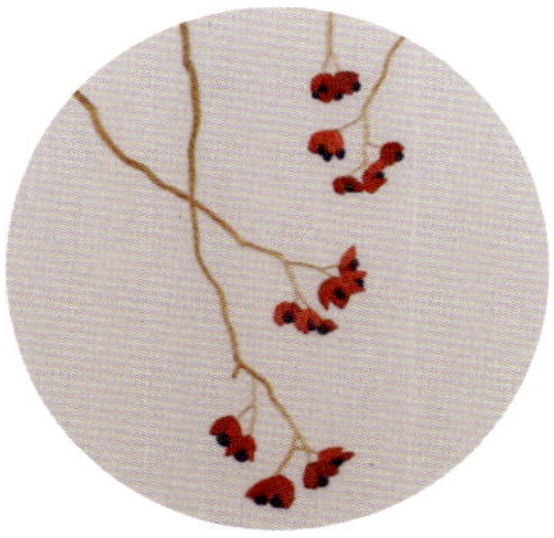

🌼 말오줌때나무와 나비 ②

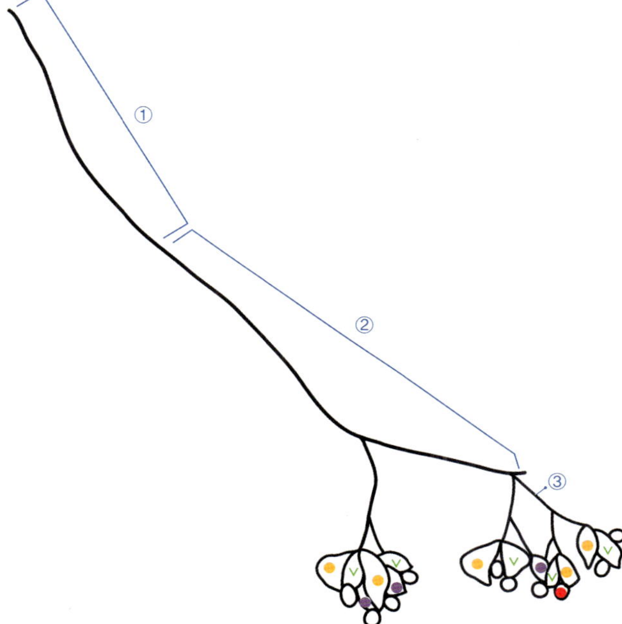

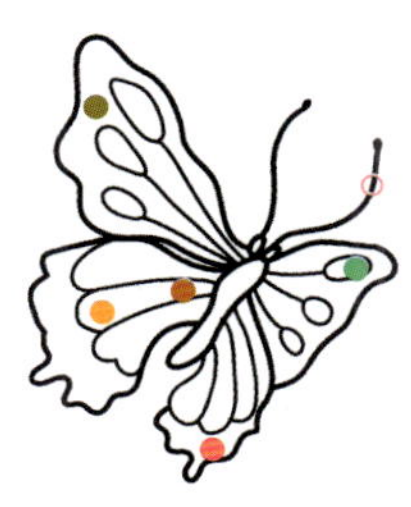

나비 ②

나비 ③

나비 ④
- 3832(1) 새틴S
- 3832(1) 프렌치너트S
나머지는 나비 ⑤와 동일함

나비 ⑤
- 310(1) 아우트라인S
- 726(1) 프렌치너트S
- 712(1) 롱앤드쇼트S
- 310(1), 712(1) 롱앤드쇼트S
- 712(1) 새틴S
- 310(1) 새틴S
- 726(1) 새틴S
- 422(1) 롱앤드쇼트S
- 712(1) 롱앤드쇼트S

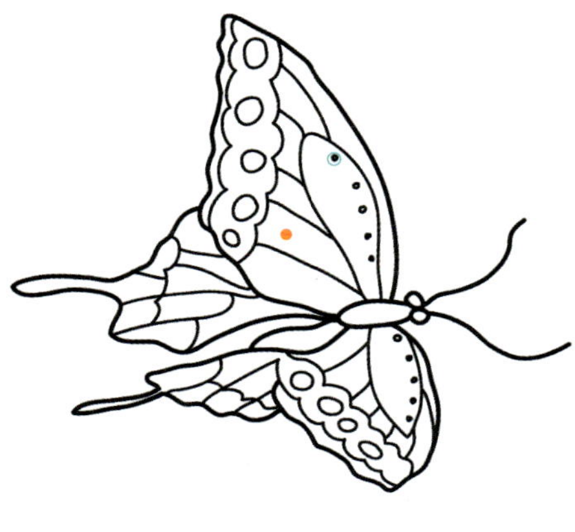

나비 ④

나비 ⑤

가을이 깊어지면 숲길에서
꽃보다 예쁘게 맺힌
말오줌때나무의 열매.

비비추

비비추는 큰 잎과 줄기의 번호 순서대로 먼저 놓은 다음, 꽃과 작은 잎을 수놓습니다.

줄기 469
큰 잎
①, ③ 581
②, ⑧ 470
④, ⑥, ⑨, ⑫ 897
⑤ 3364
⑦, ⑪, ⑬, ⑳ 164
⑭ 988
⑩, ⑮ 469
작은 잎 470, 471, 469
꽃잎 153, 210, 211, 554, 966, 3747

수놓는 순서

큰 잎 → 줄기 → 꽃 → 작은 잎

수놓는 법

큰 잎
넓은 잎의 가장자리는 아우트라인S로, 잎맥은 백S로 수놓습니다.

작은 잎
470, 471, 469번을 번갈아가며 새틴S, 또는 롱앤드쇼트S로 수놓습니다.

줄기
469(1) 아우트라인S로 2줄을 수놓습니다.

꽃
꽃봉오리는 211, 3747번을 번갈아 사용합니다.

❁ 줄기, 큰 잎

수놓는 순서
❶ → ⑳
큰 잎의 색
❶ = ❸ 581(1)
❷ = ❽ 470(1)
❹ = ❻ = ❾ = ⑫ 897(1)
❼ = ⑪ = ⑬ = ⑳ 164(1)
❺ 3364(1)
⑭ 988(1)
❿ = ⑮ 469(1)
잎 가장자리(1) 아우트라인S
잎맥(1) 백S
줄기
⑯ ⑰ ⑱ ⑲ 469(1) 아우트라인S 2줄

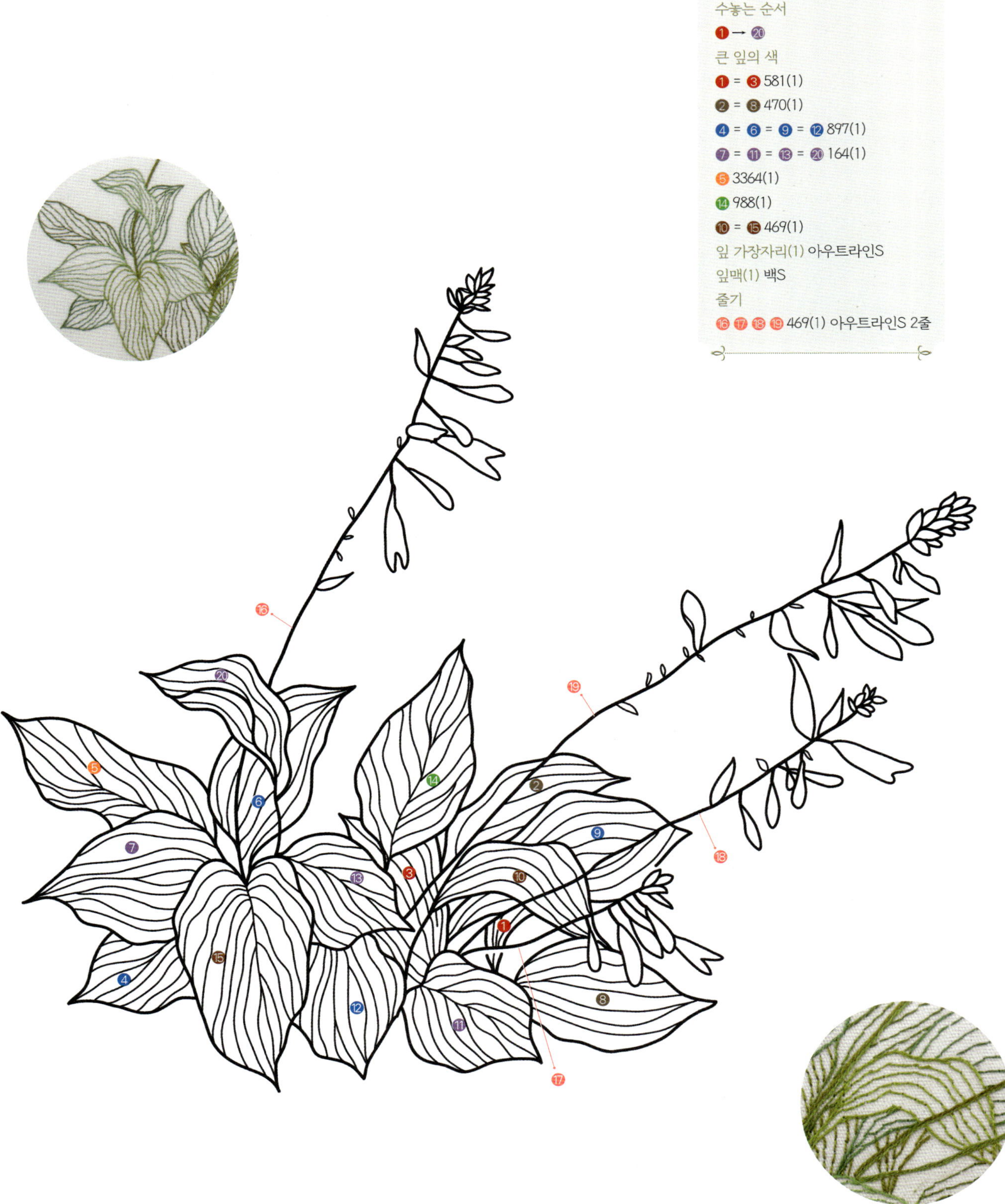

작은 잎
471(1), 470(1), 469(1) 중에서
번갈아가며 새틴S, 롱앤드쇼트S
꽃대
작은 잎과 동일 색으로 스트레이트S
꽃
● 3747(1) 새틴S
● 211(1) 새틴S
● 966(1) 새틴S
● 210(1) 롱앤드쇼트S
● 153(1) 롱앤드쇼트S
● 3747(1) 롱앤드쇼트S
● 554(1) 롱앤드쇼트S

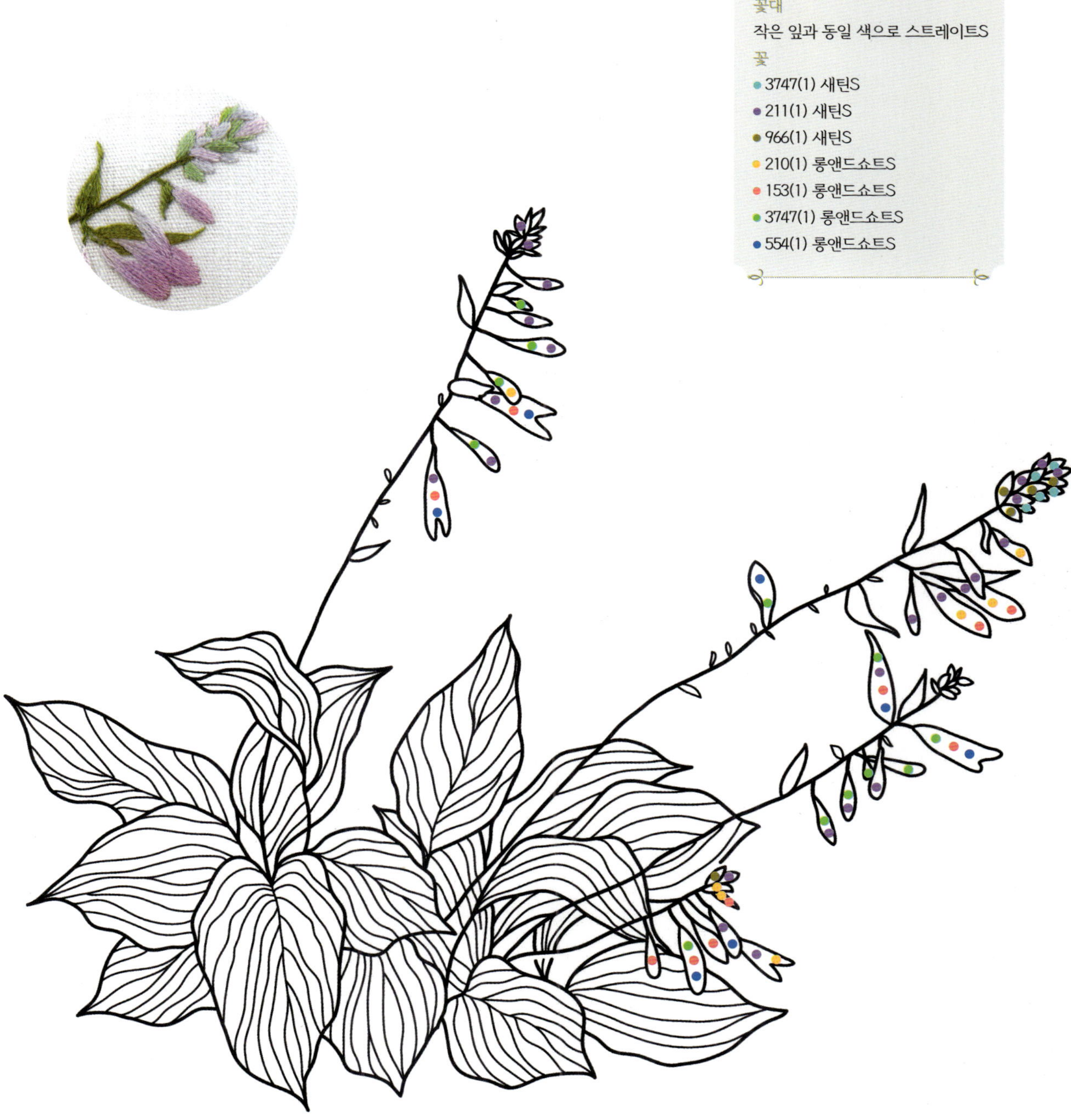

쑥꽃과 고마리는 가을꽃이에요.
고마리는 밥풀때기를 모아놓은 것 같이 보이지요?
《춘천, 사계절 꽃 자수》에도 수록되어 있는데,
꽃잎이 핑크빛이 도는 고마리가 흔하게 보이지만,
저의 오두막이 있는 숲길에는 하얀 고마리가 다북하게 있어요.
늦가을…
미처 제초작업을 하지 않은 인적 드문 길가에는
아무렇게나 잡초처럼 무성하게 자라서
키가 너무 크면 초봄에 뜯어 먹던 쑥인가 싶게 모양새도 달라지고
자세히 보지 않으면 쑥들이 꽃을 피운다는 사실도 모르고 지나치지요.
가을 들길의 정돈되지 않은 풍경에서 느껴지는 소박함…
내 삶 속에도 특별하지는 않지만 소박한 아름다움이 깃들기를 바라봅니다.

쑥꽃과 고마리

쑥꽃과 고마리

그깟 거 돈 나오냐?

거저 남편 벌어다주는 걸로

된장이나 잘 지지면 여자 팔자 상팔자제…

어이구… 나는 보기만 해도 속 터진다.

엄마는

아부지 땜에 어지간히도

애간장 끓이며 사셨다.

끼 많은 아부지는 밥 먹고 사는 일보다

다른 일에 더 신명 나셨으니

즈그 애비 꼭 닮은 딸년 하는 짓이 못마땅하시다.

심심하다 싶으시면 한 번씩 오셔서

그거 하면 밥은 먹냐?

딸년 눈치가 별로다 싶으면

반찬이며 과일이며 해다 바치시고…

못 참고는 또 부아를 지르신다.

엄마께 감사하고 미안한 딸년이지만

말을 못한다.

쑥꽃과 고마리꽃을 수놓아 작은 주머니 하나 드렸는데

그깟 것 쓰시지도 못하고

딸년 자랑용으로 귀하게 모신다.

엄만

이 귀한 그깟 것이 밥이 되면 좋겠단다.

🌼 실 번호

고마리 줄기 3772, 3773
고마리 꽃 white
고마리 잎 3362, 3363, 3364
줄기 3011, 3012, 3722, 3726
쑥꽃 3012, 3328
쑥잎 3362, 3363, 3364

🪡 수놓는 순서

고마리 줄기 → 고마리 꽃 → 고마리 잎 → 쑥꽃 줄기 → 쑥꽃 → 쑥꽃 꽃받침

🪡 수놓는 법

앞 페이지 작품 사진의 왼쪽 부분만 도안으로 옮겼습니다. 수놓는 방법은 같으므로 사진과 같이 좀 더
풍성한 작품으로 완성하려면 자유롭게 줄기들을 구성하고 꽃을 표현하면 됩니다.

고마리 줄기
가을 식물 중에는 처음에는 녹색 줄기였다가 가을이 깊어지면 대가 점차 붉어지는 것들이 많이 있답니다.
고마리, 개여뀌, 메밀꽃, 쑥꽃 등이 그렇습니다.
이 도안은 늦가을의 정취를 표현한 것이므로 푸른색보다는 갈색과 붉은색을 많이 사용하였습니다. 1줄을
아웃라인S로 다 놓은 후에, 줄기 위의 화살표 부분에서 1줄씩을 더 붙여 수놓아 주세요.

고마리 꽃
이 꽃은 귀가 좀 긴 자수바늘과 3가닥의 실을 사용합니다. 6겹의 실을 하나씩 하나씩 풀어서 3가닥으로
다시 합칩니다. 3가닥을 한 번에 사용하면 실의 본디 꼬임대로 꼬이게 되어, 수를 다 놓고 나면 꼬임 때문
에 투박합니다.

고마리 잎과 쑥꽃의 잎
3362, 3363, 3364번의 색실을 번갈아 가며 사용합니다. 줄기 아래쪽으로 갈수록 색이 짙어집니다.

쑥꽃 줄기
쑥꽃 줄기는 고마리 꽃을 마친 후에 순서에 상관 없이 고마리 줄기 위로 자연스럽게 올려 수놓으세요.

쑥꽃
꽃잎은 3328번 1가닥으로 스트레이트S 로 아주 짧게(1mm) 보일 듯 말 듯 2~3회 수놓습니다.
꽃받침은 3012번 2가닥으로 새틴S로 3mm 정도 길이면 적당합니다.

 고마리

수 놓는 순서

1 → 2 → 3

꽃
white(3) 스트레이트S 2~3회

잎
3362(1), 3363(1), 3364(1)
번갈아가며 사용, 새틴S

줄기

1

⑤ 3773(1) 1줄, 3772(1) 2~3줄 아우트라인S

④ 3772(1) 1줄, 3773(1) 1~2줄 아우트라인S

③ 3773(1) 아우트라인S 1줄

② 곁가지 3773(1) 아우트라인S 1줄

① 곁가지 3773(1) 스트레이트S

2

3773(1) 아우트라인S 1줄

3

② 3772(1) 2줄

① 3773(1) 아우트라인S 1줄

꽃잎
3328(1) 스트레이트S 2~3회, 길이 1mm
꽃받침
3012(2) 스트레이트S 2회, 길이 3mm
잎
3362(1), 3363(1), 3364(1)
번갈아가며 사용, 새틴S
줄기
A
③ 3011(1) 아우트라인S 2줄
② 3012(1) 아우트라인S 1줄
① 3011(1) 1줄, 3012(1) 1~2줄 아우트라인S
B
④ 3722(1) 1줄, 3726(1) 2~3줄 아우트라인S
③ 3012(1) 1줄, 3722(1) 1줄, 3726(1) 1줄
3줄 아우트라인S
② 3012(1) 1줄, 3722(1) 1~2줄 아우트라인S
① 3012(1) 아우트라인S 1줄

눈개승마

원래 눈개승마는 아이보리빛이 도는데, 푸른 숲에서 본 개승마꽃이

선녀 날개옷같이 어쩌나 눈부시던지요?

지난 5월 대암산 용늪주변을 탐방하고 본 눈개승마꽃을 하얀빛으로 수를 놓았습니다.

눈처럼 희다 해서 이름이 붙은 눈개승마는 승마의 한 종이며, 우리나라 특산종으로는 한라개승마가 있답니다.

자수를 배우러 오신 어르신은 먹을 줄만 알았지

이 꽃이 눈개승마꽃인줄은 몰랐다며 수놓으시며 웃으시던 생각이 납니다.

고산지역에서 자라기 때문에 강원산간지역 어르신들은 어린순을 나물로 즐겨 드셨다고 해요.

지금은 일부러 나물로 먹기 위해 재배하는 곳도 늘었다고 합니다.

💮 실 번호

꽃대 165, 166
줄기 베리에이션 4047
꽃 white

🪡 수놓는 순서

꽃대 → 줄기(곁가지) → 줄기(중심 가지) → 꽃

🖊 수놓는 법

꽃대, 줄기
꽃대는 165(1), 166(1)번 색을 번갈아가며 아웃트라인S로 수놓습니다.
꽃대가 끝나면 실 색을 바꾸어 자연스럽게 줄기로 이어지도록 합니다.
도안에서 선이 끊어진 것은 뒤쪽에 있는 줄기를 구분하기 용이하게 표시한
것입니다. 수를 놓을 때는 뒤쪽을 먼저 하되 끊어진 선처럼 하지 않아도 됩니다.
자연스럽게 이어서 수를 놓고, 앞 줄기를 놓을 때도 먼저 한 줄기 위를 자연스럽게
지나가며 수놓습니다.
줄기는 모두 베리에이션 4047번 1가닥을 사용했고, 도안 위의 색 표시는 줄기의 굵
기를 표시한 것입니다.

꽃
모두 white 1가닥을 사용하여, 스트레이트S로 수놓습니다. 스트레이트 1번의 길이
는 대략 3~4mm입니다. 도안을 그릴 때는 꽃까지 모두 그리지 않고 꽃대만 그려서
하는 것이 작업하기가 편합니다.

 # 줄기

수놓는 순서 : 꽃대 → 곁가지 → 중심 가지

★ 꽃대 165(1) 또는 166(1) 아웃트라인S 1줄
● 베리에이션 4047(1) 아웃트라인 1줄
● 베리에이션 4047(1) 아웃트라인 2줄
● 베리에이션 4047(1) 아웃트라인 3줄
● 베리에이션 4047(1) 아웃트라인 4줄

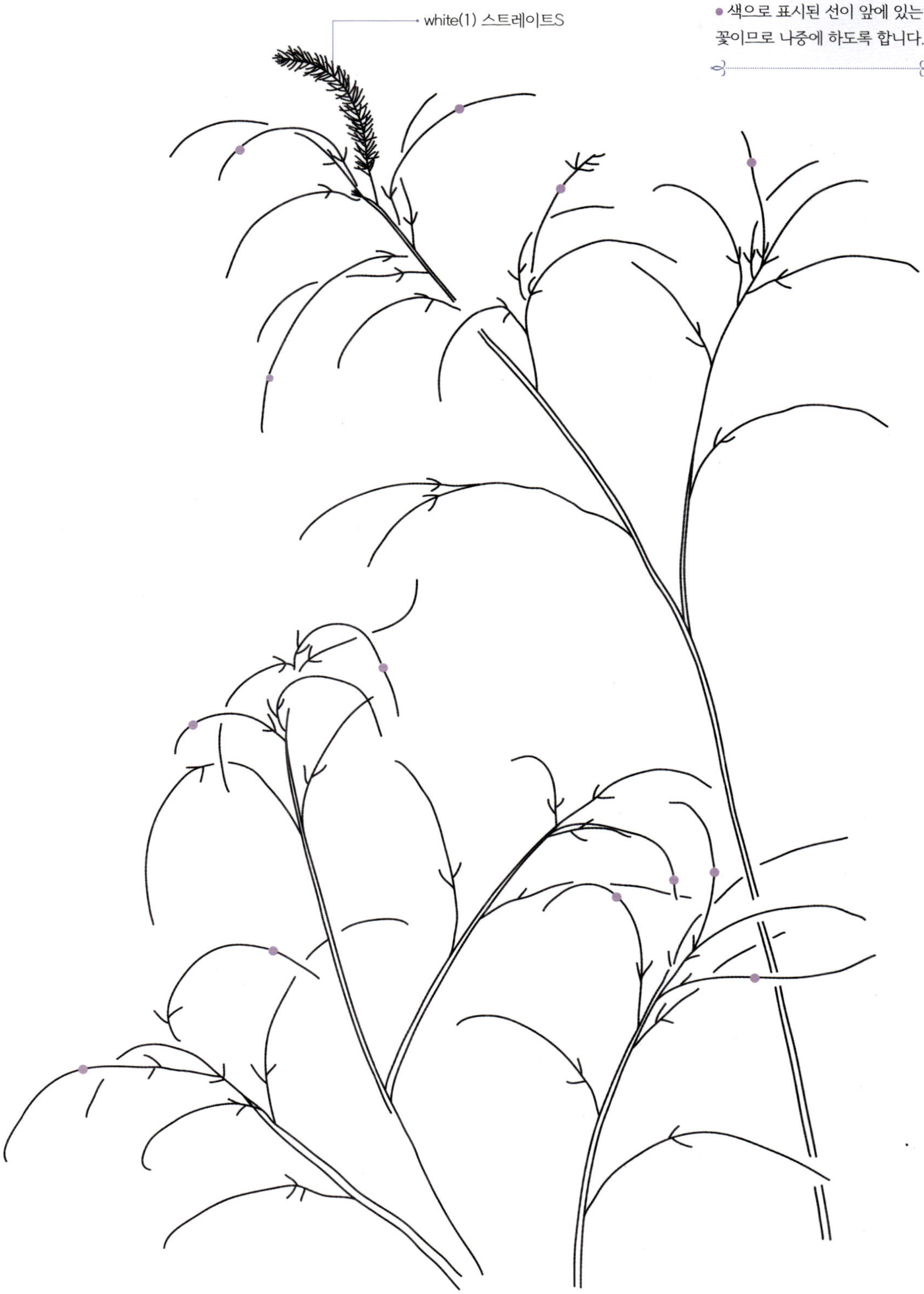

● 색으로 표시된 선이 앞에 있는 꽃이므로 나중에 하도록 합니다.

앵초

설앵초의 꽃을 위에서 내려다본 형태의 도안입니다.
초급자는 아웃라인 스티치만으로,
좀 숙련되신 분들은 롱앤드쇼트 스티치로 표현하면 됩니다.

✿ 실 번호

꽃 ① 복합사 3012, 4075, 나무 단추
꽃 ② 726, 731, 893, 899
꽃 ③ 복합사 3012, 4080, 나무 단추

✎ 수놓는 순서

줄기 → 꽃대 → 꽃 → 꽃술

✐ 수놓는 법

줄기, 꽃
아웃라인S 또는 롱앤드쇼트S로 수놓습니다.

꽃술
꽃을 완성한 다음 스트레이트S로 빙 둘러가며 수놓거나 나무 단추로 장식합니다.

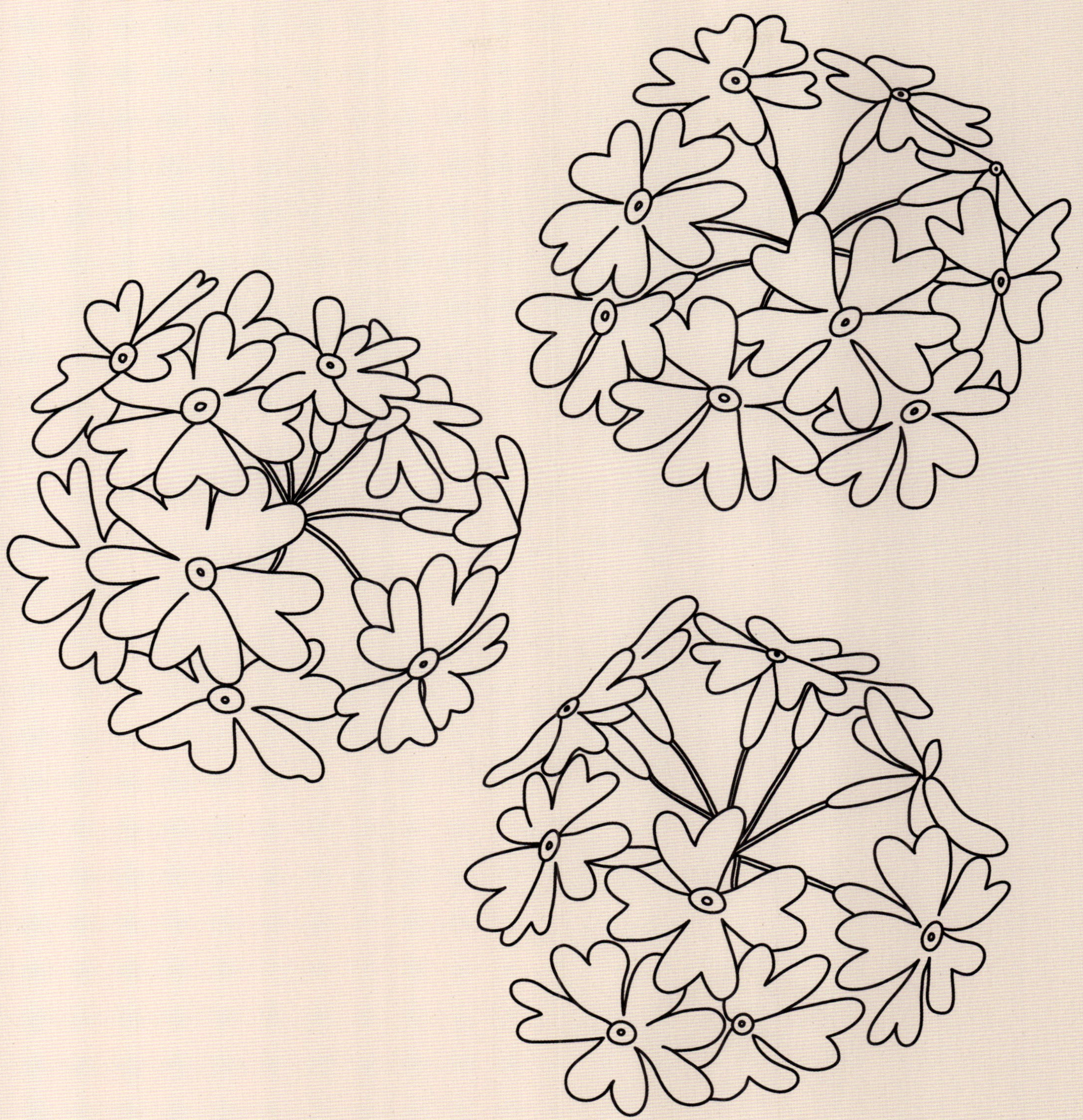

꽃①, ②

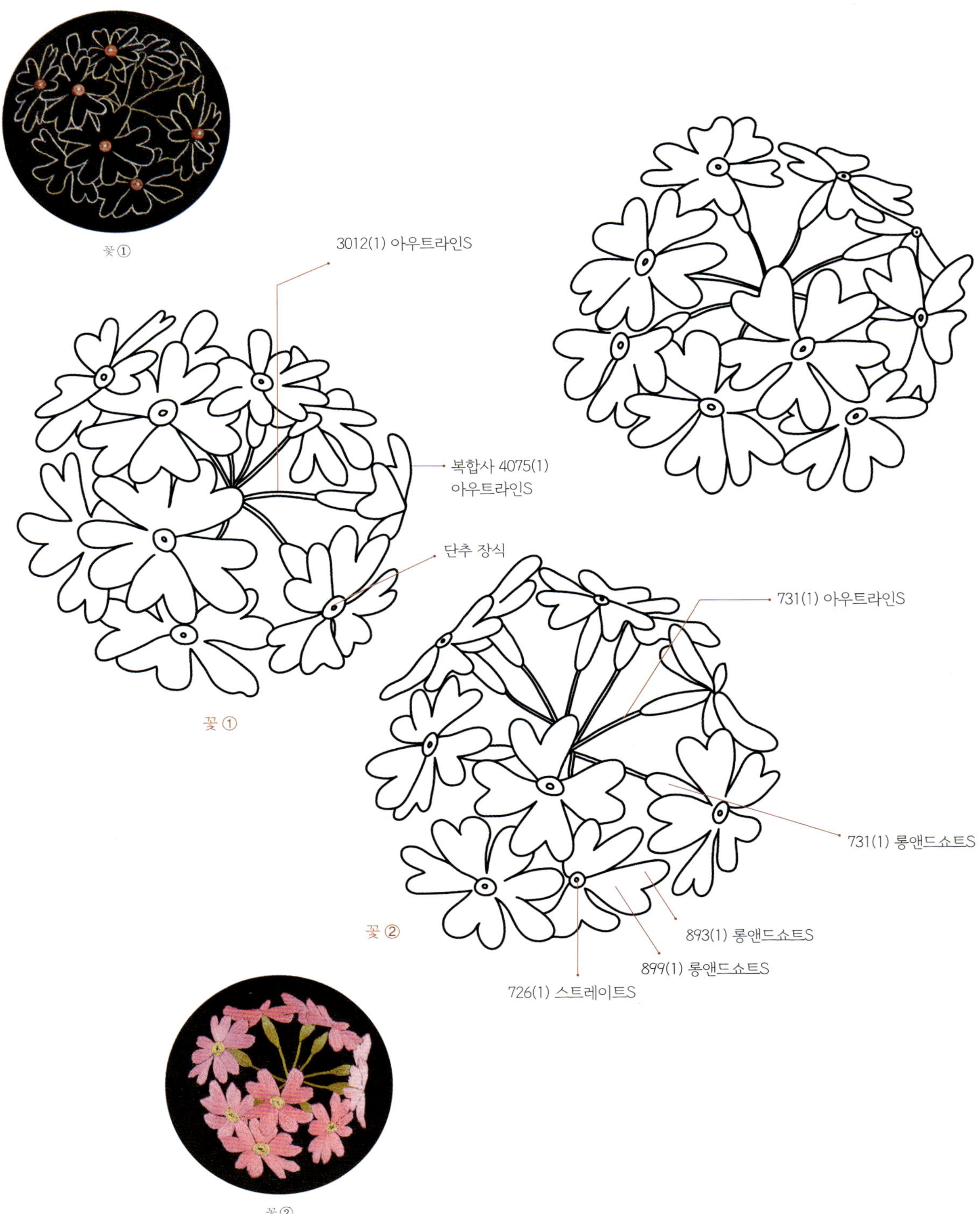

꽃①

3012(1) 아우트라인S

복합사 4075(1)
아우트라인S

단추 장식

꽃①

731(1) 아우트라인S

731(1) 롱앤드쇼트S

893(1) 롱앤드쇼트S

899(1) 롱앤드쇼트S

726(1) 스트레이트S

꽃②

꽃②

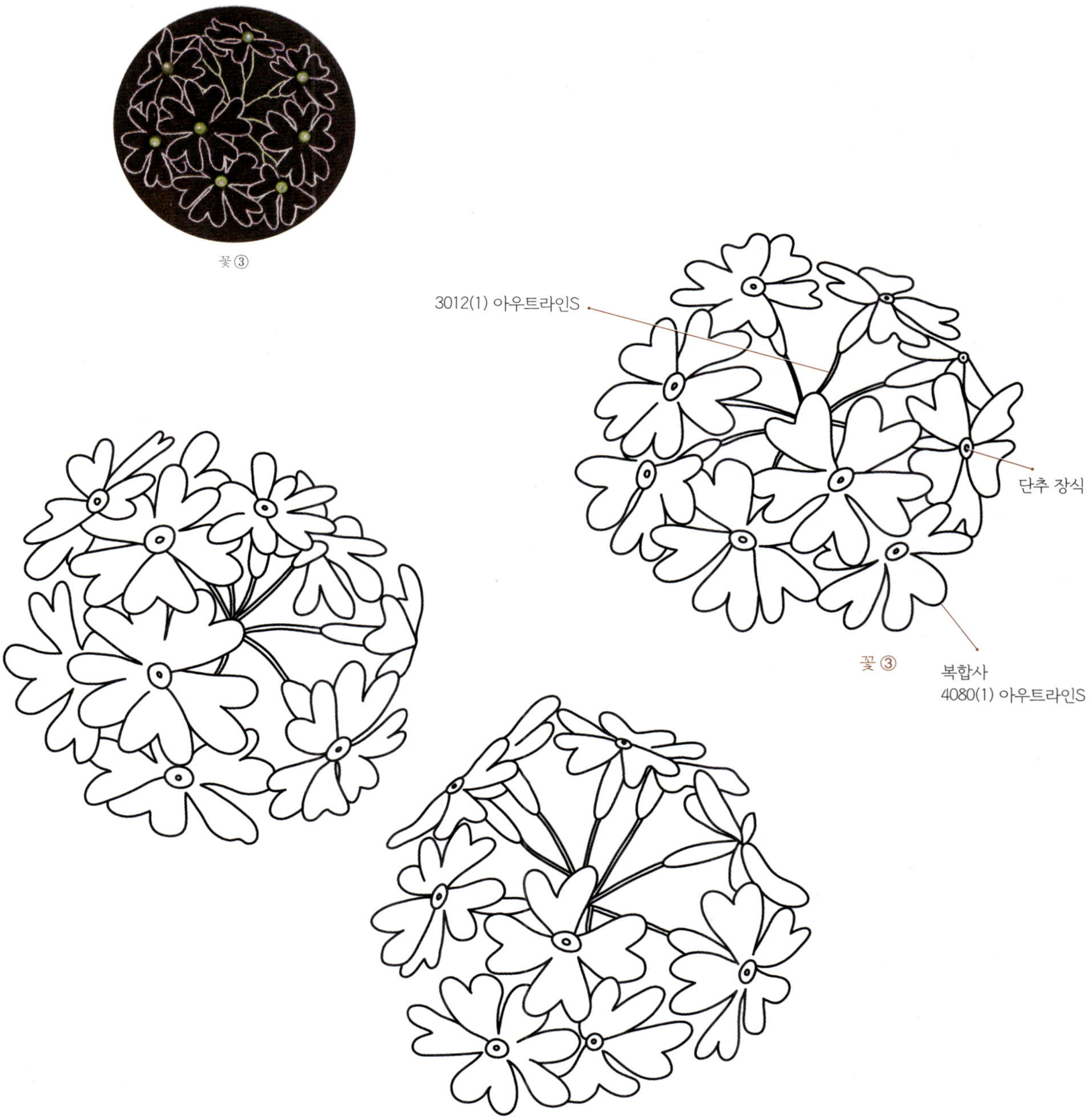

꽃 ③

3012(1) 아우트라인S

단추 장식

꽃 ③

복합사
4080(1) 아우트라인S

쥐오줌풀

쥐오줌풀은 봄에 피는 꽃이랍니다.
한적한 도로변이나 숲길의 양지 바른 곳에서 흔히 볼 수 있어요.
쥐오줌풀의 어린순이나 잎은 데쳐서 된장이나 고추장에 무쳐 먹거나
튀김이나 국으로도 먹을 수 있답니다.
마치 오월의 신부 같은 꽃인데 이름이 쥐오줌이라니…
왜 그런 이름이 붙었을까 궁금했는데,
뿌리에서 쥐오줌 냄새가 나서 그리 붙였다네요.
저는 오월의 신부라 부르고 싶어요.

🌸 실 번호

줄기 베리에이션 4047
꽃 602, 603, 604, 605

⏱ 수놓는 순서

줄기 → 꽃

✒ 수놓는 법

줄기

조금 크다 싶은 줄기는 1줄을 다 놓고 다시 1줄을 놓아 모두 2줄이 되도록 베리에이션
4047(1)으로 아우트라인S를 합니다.

꽃

꽃은 모두 프렌치너트S로 3회 감았고, 실 색이 모두 골고루 분포되도록 하였습니다.

쥐오줌풀
실물 도안_85%

줄기, 꽃
기초 자수의 쥐오줌풀과 동일

꽃(골고루 분포)
- 602(1) 프렌치너트S 3번 감기
- 603(1) 프렌치너트S 3번 감기
- 604(1) 프렌치너트S 3번 감기
- 605(1) 프렌치너트S 3번 감기

줄기
- 베리에이션 4047(1) 아웃라인S 1줄
- 베리에이션 4047(1) 아웃라인S 2줄

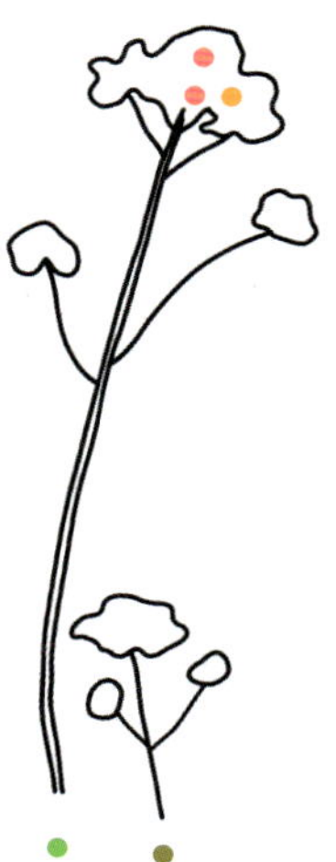
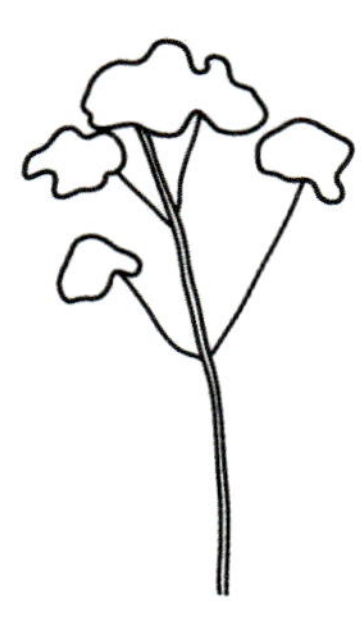

열여덟 산딸기

줄기, 가시 611, 612
잎 3051, 3052, 3053
산딸기 열매 349, 816
꽃받침 422

수놓는 순서

줄기, 가시 → 잎 → 산딸기 → 꽃받침

수놓는 법

줄기

메인 줄기는 아우트라인S로 2줄, 잔가지는 같은 기법으로 1줄을 수놓습니다.
가시는 줄기를 놓으면서 스트레이트S로 동시에 놓아서 완성하세요.

잎

가운데 잎맥을 중심으로 갈라서 새틴S로 수놓습니다.

산딸기

산딸기 열매는 2가지 색상을 번갈아 사용하되, 앞쪽은 좀 밝은 색으로, 뒤쪽의 열매는 어두운 색으로 표현합니다. 2가닥을 사용하여 2회 감아 프렌치너트S로 좀 굵게 표현해주세요.

꽃받침

열매를 다 놓은 다음 2가닥의 실로 스트레이트S를 해서 간단하게 표현합니다.

잎
- ● 3051(1) 새틴S
- ● 3052(1) 새틴S
- ● 3053(1) 새틴S

줄기, 가시
① 줄기 611(1) 아우트라인S 2줄
  ○ 611(1) 스트레이트S
② 잔가지 612(1) 아우트라인S 1줄
  ○ 612(1) 스트레이트S

딸기, 꽃받침

딸기
- 349(2) 프렌치너트S
- 816(2) 프렌치너트S

꽃받침
422(2) 스트레이트S

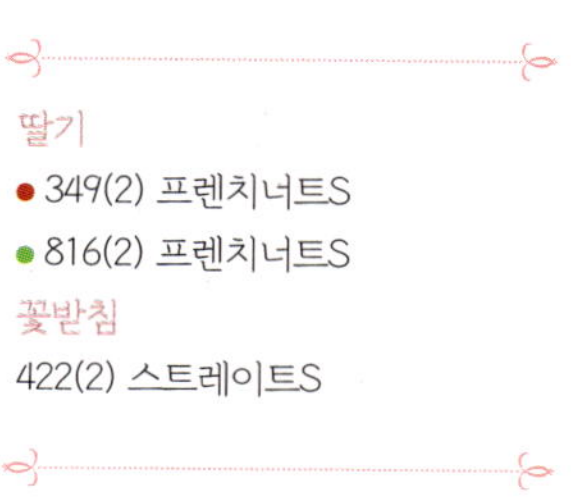

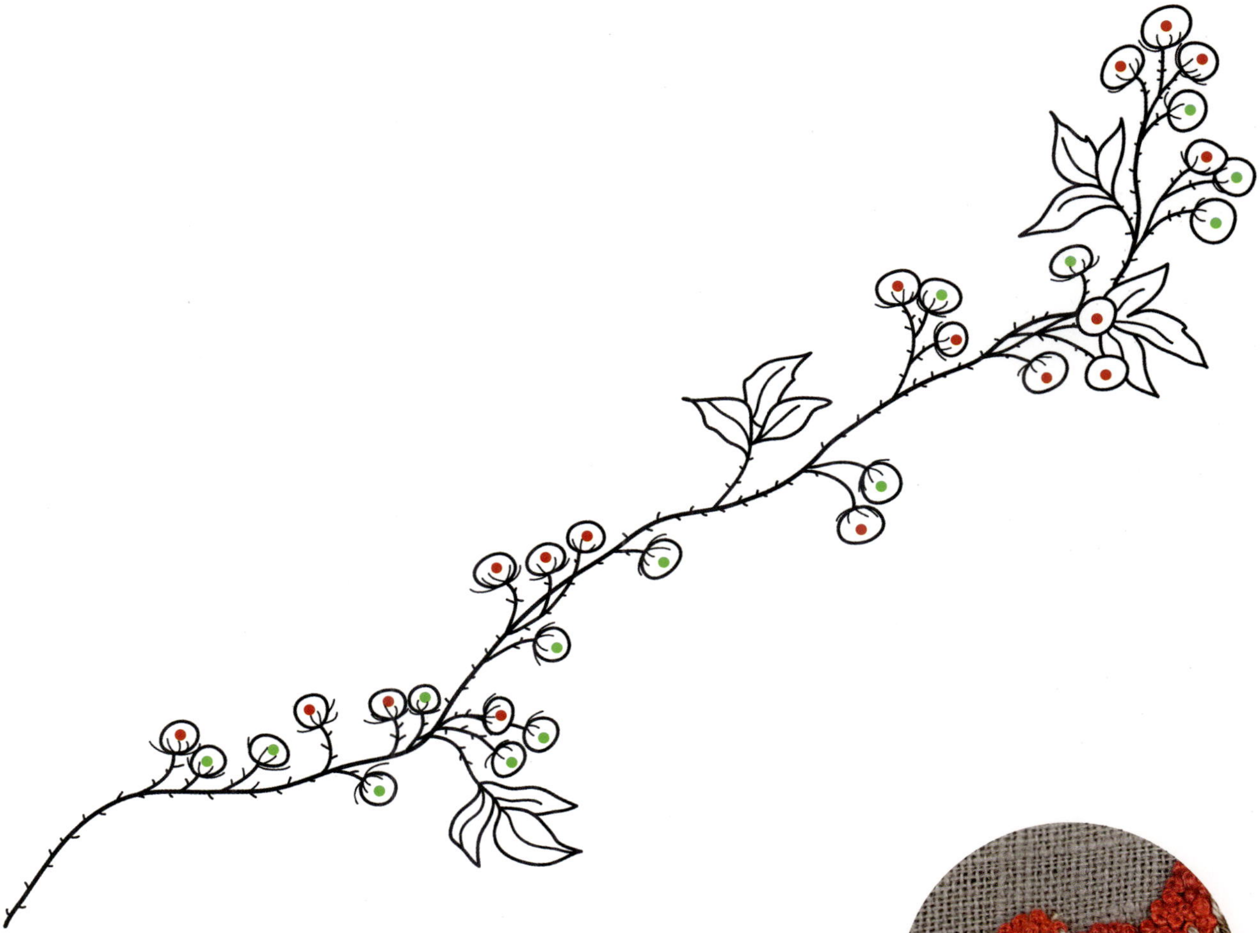

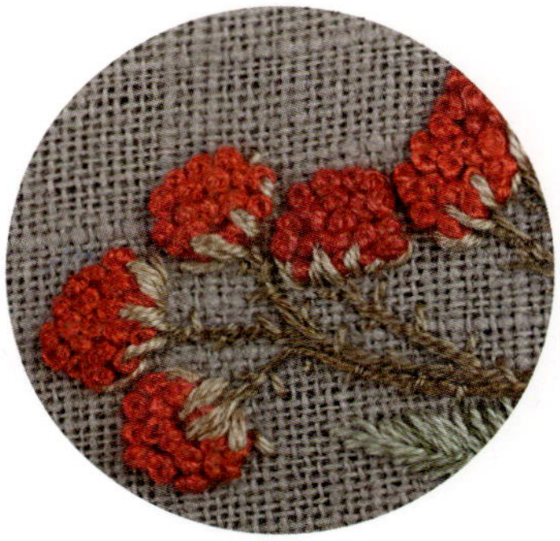

하얀 찔레꽃

여우비가 살짝 뿌리고 지나간 뒤, 오두막 앞에 심은 찔레꽃이
비에 젖어 무거운 듯 고개를 떨구고
아침 햇살에 반짝이고 있었어요.
싱그러운 오월의 바람에 꽃잎이 떨어지는 날, 도안을 그렸습니다.

싱그러움이 가득한 오월엔

두 발로 걸어 숲의 생명들을

온몸으로 느낄 수 있다는 것만으로도 감사하다.

연둣빛 어린 모들의 숨소리가

새근새근 들리는 들녘을 지날 때만 해도 경쾌하고 가볍던 발걸음은

뻐꾸기 울음소리로 멈춘 자리에

하얀 찔레꽃이라도 만나면

그만 처연해진다.

하얀 꽃같던 시절에도 붉은 핏자국 남아 있어

찔레순 따던 소녀의 손에 박혔던 가시의 통증이 되살아난다.

푸르름이 풍요로운 오월인데

먹어도 먹어도 허기가 지는 멀건 죽으로

춘궁기를 지냈던

할머니의 소녀시절은

찔레순을 따며 하얀 꽃에

눈물 흘리셨다 한다.

생의 마지막 순간까지도

곱게 화장을 하셨던 할머니의 하관.

돌아오는 산길엔

하얀 꽃잎이 지고 있었다.

풍요로운 시절이다.

하얀 꽃잎 뒤에 숨겨둔 가시같은 통증으로

아픈 이들에게도 오월은 온다.

찔레순을 꺾어

서로 입에 넣어주며

잠시라도

달달하고 향긋해지는 오월이길 바라본다.

⚙ 실 번호

줄기, 잎 165, 470, 471, 580
꽃잎 white, ECRU
꽃받침 371, 469
수술 725, 복합사 4130

✂ 수놓는 순서

줄기 → 잎 → 꽃 → 꽃받침

✐ 수놓는 법

줄기
아우트라인S로 2줄에서 4줄 정도 수놓습니다. 줄기 색을 바꿀 때는 곁가지가 갈라진
곳이나 잎 자리 부분에서는 바꾸지 않는 것이 좋습니다. 줄기 색으로 줄기에 가시를
스트레이트S로 표현해도 좋습니다.

잎
새틴S로 표현하며, 햇살을 받은 부분은 밝게 표현했습니다.

꽃
뒤쪽에 있는 꽃잎이나 꽃잎의 아래쪽에는 좀 어둡게 표현하여 입체감을 줍니다.

꽃받침
꽃받침의 끝부분에는 붉은색이 감돌지요. 또한 작품 사진을 보시면 꽃받침의 부분,
잎자루의 끝부분, 곁가지들의 끝부분에도 붉은 빛이 돕니다.
복합사 4130번 1가닥으로 그 부분들을 스트레이트S로 1~2땀씩 표현했습니다.
다만 도안에 설명하기에는 복잡하여 표기하지 않았습니다.

※ 찔레꽃은 가시가 있으나 가시는 생략했습니다.
　찔레를 표현하고자 한다면, 줄기에 어두운 줄기색으로 1~2mm 정도 길이의 땀을
　스트레이트S로 표현하면 됩니다.

하얀 찔레꽃
실물 도안_65%

✳ 줄기, 잎

큰 잎
● 165(1), 471(1), 470(1) 새틴S
● 165(1), 471(1), 470(1), 580(1) 새틴S
줄기(중심 줄기 3줄, 곁가지 2줄)
○ 471(1), 470(1), 580(1) 아우트라인S

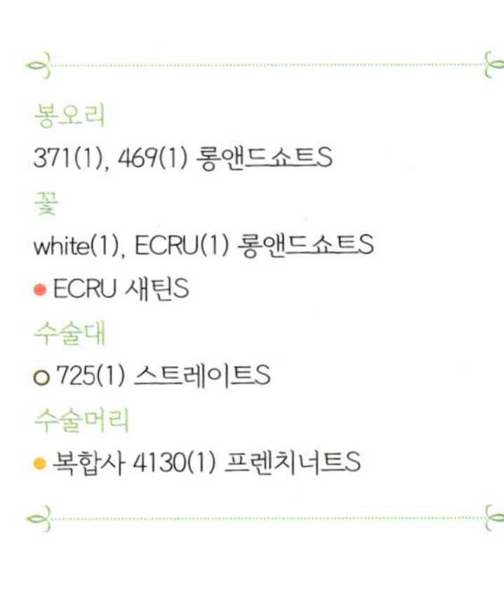

꽃

봉오리
371(1), 469(1) 롱앤드쇼트S
꽃
white(1), ECRU(1) 롱앤드쇼트S
● ECRU 새틴S
수술대
○ 725(1) 스트레이트S
수술머리
● 복합사 4130(1) 프렌치너트S

붉은 바위취

바위취는 바위 틈에 뿌리를 내리고 살아갑니다.

잎 부분의 면적이 좀 넓고 색상의 변화도 많아 다소 어렵다고 느낄 수 있어요.

수를 놓기 전에 식물을 관찰하거나 사진을 참고하면 느낌을 살리는 데 도움이 됩니다.

붉은 바위취

한 주먹 달이
돌 우는 소리에 터졌다.
핏물 떨어지듯
뚝뚝 떨어진 자리
붉은 달빛이 선명하다.
밤이 되어서야 제 몸을 드러낸
바위는
그제서야 울었다.

언제부터였을까
세상 사람들 모르게
조금씩 부서져가던 내게
조용히
싹을 틔우고
옹삭한 빈틈으로 뿌리를 내리고
발그레 웃어주던 때가
지난 여름…

붉은 바위취꽃
말라붙은 자리에
돌 갈라진다.

🏵 실 번호

줄기 316, 356, 471, 3721, 3859
꽃 349, 666, 3801
꽃술 444
잎 371, 523, 3362, 3363, 3364, 3722

✒ 수놓는 순서

줄기 → 꽃 → 꽃술 → 잎
대부분의 순서는 위와 같지만, 도안에서 뒤쪽에 배치된 것이 있다면
뒤쪽 그림부터 수를 놓습니다.

✒ 수놓는 법

줄기
줄기는 1줄을 끝까지 아우트라인S로 놓고, 위로부터 1/3 지점에서는 1줄을
더 붙여서 놓으세요.

꽃
꽃은 666번 3801번 349번 색을 씁니다. 뒤쪽에 있는 꽃은 좀 어두운 349번 1올로
새틴S로 표현하고, 나머지 2색은 번갈아 가며 새틴S로 수놓습니다.

꽃술
핀 꽃의 끝부분에 한 올로 1회 감기를 하여 프렌치너트S로 수놓습니다. 꽃술은
1~2개 정도로 있는 듯 없는 듯 수놓으세요.

잎
줄기 끝부분에서 수놓기 시작하여 바깥쪽으로 나아갑니다. 롱앤드쇼트S 기법으로
수놓는데 잎의 끝부분은 붉은빛이 감돌게 1~2땀씩 놓아 마무리합니다.

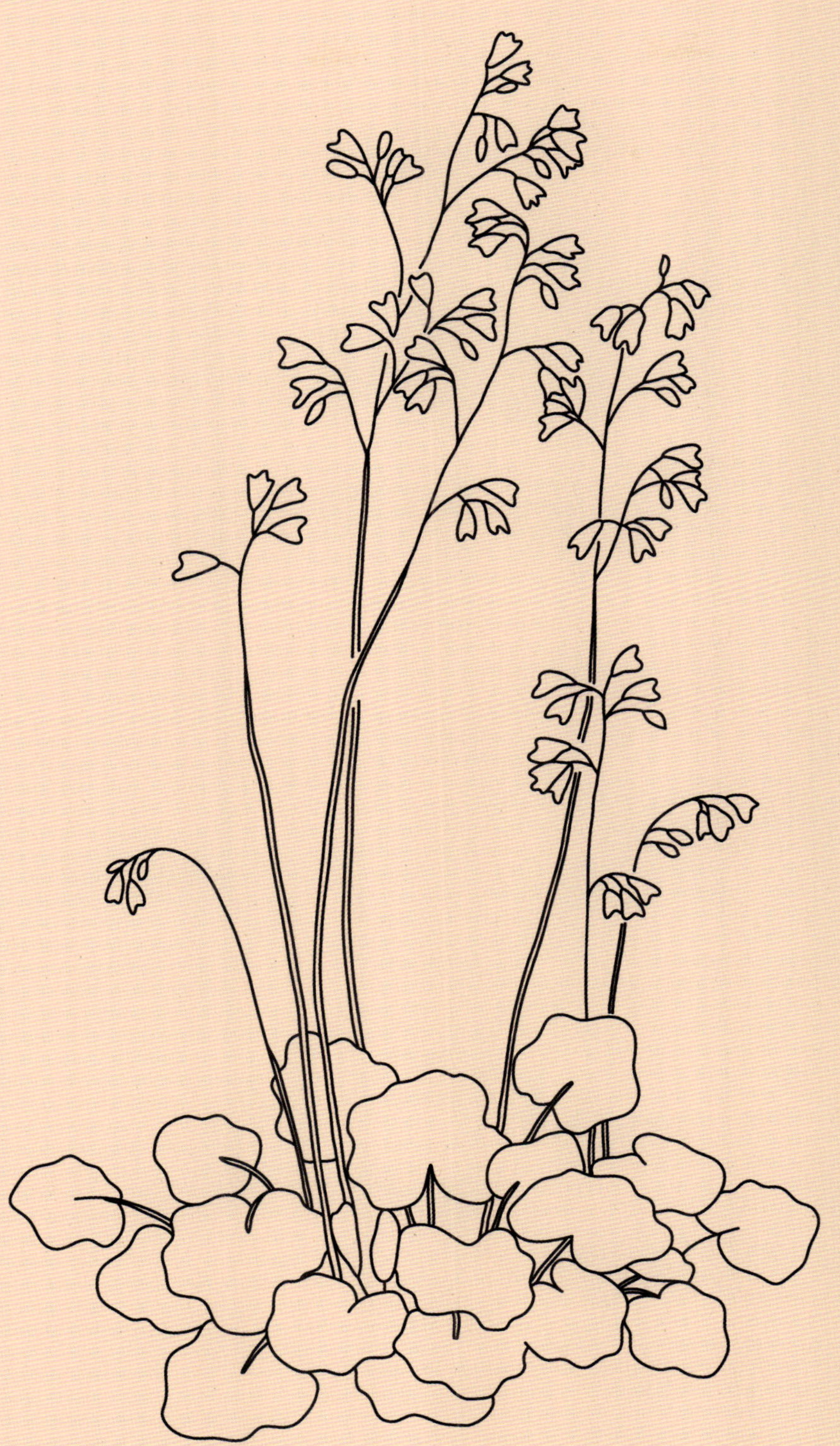

꽃술
444(1) 프렌치너트S 1회 감기
핀 꽃에만 1~2개 표현하기
꽃
666(1) 또는 3801(1) 새틴S
뒤쪽 꽃
349(1) 새틴S
줄기
① 316(1) 아우트라인S 1줄
② 316(1) 아우트라인S 1줄
③ 356(1) 아우트라인S 1줄
④ 356(1) 아우트라인S 2줄
⑤ 3721(1) 아우트라인S 2줄
⑥ 471(1) 아우트라인S 1줄
⑦ 3859(1) 아우트라인S 1줄
⑧ 3859(1) 아우트라인S 2줄

잎

아래쪽 잎
● 3362(1) 롱앤드쇼트S
3363(1) 롱앤드쇼트S
3364(1) 롱앤드쇼트S
371(1) 롱앤드쇼트S
● 3362(1) 롱앤드쇼트S
3363(1) 롱앤드쇼트S
3364(1) 롱앤드쇼트S
3722(1) 롱앤드쇼트S
● 3362(1) 롱앤드쇼트S
3363(1) 롱앤드쇼트S
● 523(1) 롱앤드쇼트S

마타리와 개망초

🌼 실 번호

마타리 줄기 469, 470, 937
마타리 꽃 307, 726, 727, 973
개망초 줄기, 잎 470, 988, 989, 3346, 3347
개망초 꽃 white 또는 726, 3866

✏️ 수놓는 순서

줄기 → 잎 → 꽃 → 꽃받침

✏️ 수놓는 법

줄기
마타리도 개망초도 줄기는 1올의 실로 아우트라인S 기법을 사용하여 아래쪽으로 줄기가
굵어질수록 붙여 2~3줄을 더 수놓습니다.

마타리 꽃
1올로 프렌치너트S로 3~4회 감습니다. 핀 지 오래된 꽃은 진한 색으로 표현하고 피기
시작한 꽃은 밝은 색으로 표현합니다. 꽃 색은 특별히 구분을 두지 않았으므로 자유롭게
선택하여 3~4가지의 색을 꽃봉오리 한 덩어리에 섞어서 사용하면 됩니다.

개망초 꽃
먼저 핀 꽃의 중심인 꽃술은 프렌치너트S로 1~2회 감아 표현합니다. 다음으로 꽃잎은
2올로 스트레이트S를 빙 둘러가며 수놓습니다. 꽃이 핀 방향에 따라 꽃잎의 길이를
조절합니다.
피지 않은 꽃봉오리는 중심으로 모이도록 1올로 새틴S를 합니다. 그런 다음 그 위에
스트레이트S로 꽃받침을 수놓습니다.

잎
1올로 새틴S를 하여 면을 채웁니다.

✿ 마타리와 개망초
실물 도안_75%

줄기
수놓는 순서 1 → 4
1 470(1), 469(1)
2 470(1), 469(1)
3, 4 470(1), 469(1), 937(1)
꽃
726(1), 727(1), 973(1), 307(1)
번갈아가며 사용. 프렌치너트S
470(1) 아웃라인S 1줄
470(1) 아웃라인S 2줄
469(1),
937(1)
줄기 1   3   2   4

✽ 개망초

잎
수놓는 순서 A → E
- 470(1) 새틴S
- 989(1) 새틴S
- 3347(1) 새틴S

꽃봉오리
- 꽃 : white(1) 또는 3866(1) 새틴S
- 꽃받침 : 줄기 색으로 스트레이트S

꽃술
- 726(1) 프렌치너트S

꽃잎
- white(1) 또는 3866(1) 스트레이트S

애기똥풀

애기똥풀

4월도 다 갔다.

나 서른다섯 될 때까지
애기똥풀 모르고 살았지요.
해마다 어김없이 봄날 돌아올 때마다
그들은 내 얼굴 쳐다보았을 텐데요.
코딱지 같은 어여쁜 꽃
다닥다닥 달고 있는 애기똥풀
얼마나 서운했을까요?

애기똥풀도 모르는 것이 저기 걸어간다고
저런 것들이 인간의 마을에서 시를 쓴다고

미안해하는 안도현님의 시가 생각나는 4월도 다 갔다.

강남 갔던 제비가 돌아오는 4월부터
제 새끼 길러내어 떠나는 9월까지
애기똥풀 꽃을 볼 수 있는데,

막 태어난 제비새끼는 이물질이 많아 눈을 뜨지 못한다.
어미는 애기똥풀의 줄기를 꺾어 물어와
줄기에서 노란즙으로 씻어내
어린새끼의 눈을 뜨게 한단다.

참 조화로운 세상은 여기에 있구나.
꽃말처럼, 어미는 정성과 사랑으로 제 새끼를
길러낼 수 있었구나.
제 새끼도 지켜내지 못하는 인간마을의 어미는
봄 하늘의 제비가 한없이 부러울 테다.
내년에도 어김없이 돌아오는 봄날,
맑고 노란 꽃잎은 웃어줄 터인데…
가시 같은 봄볕은 언제나 따사로워질는지…
눈물똥 누렇게 말라붙어
눈 가리고 보지 못하는 이들에게
애기똥풀로 씻어주면 좋으련만….

🧵 실 번호

줄기, 잎 166, 370, 470, 471, 520, 642, 937, 987,
988, 989, 3346, 3051, 3052, 3053, 3363
꽃봉오리 165, 166
꽃잎 726, 728, 973
꽃술 166, 726

🕐 수놓는 순서

줄기 → 씨앗 → 꽃 → 잎 → 수술

🖊 수놓는 법

줄기
줄기 놓는 순서는 도안 아래 번호순으로 수를 놓습니다.
줄기의 번호 색이 같은 것은 실 색이 같습니다.
잔풀꽃의 줄기와 꽃은 같은 번호의 실로, 줄기는 아웃트라인S이고
꽃은 레이지데이지S입니다.

꽃잎
뒤쪽에 있는 씨앗이나 꽃잎을 새틴S로 먼저 합니다.

잎
잎은 아래쪽과 중심 쪽으로 갈수록 점점 진하게 새틴S로 표현했습니다.

꽃술
암술 166번 3가닥으로 암술대와 암술머리 모두 스트레이트S로 표현합니다.
수술 726번 1가닥을 사용하여 수술대는 스트레이트S로, 수술머리는 프렌치너트S를 합니다.

줄기

수놓는 순서 ① → ⑭

실 번호 ① = ⑥, ⑧, ⑩, ⑪, ⑫

② = ③, ⑬

④ = ⑨

⑤ = ⑦

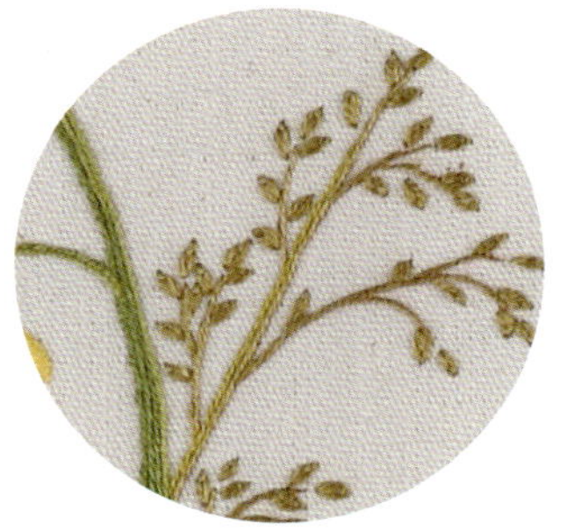

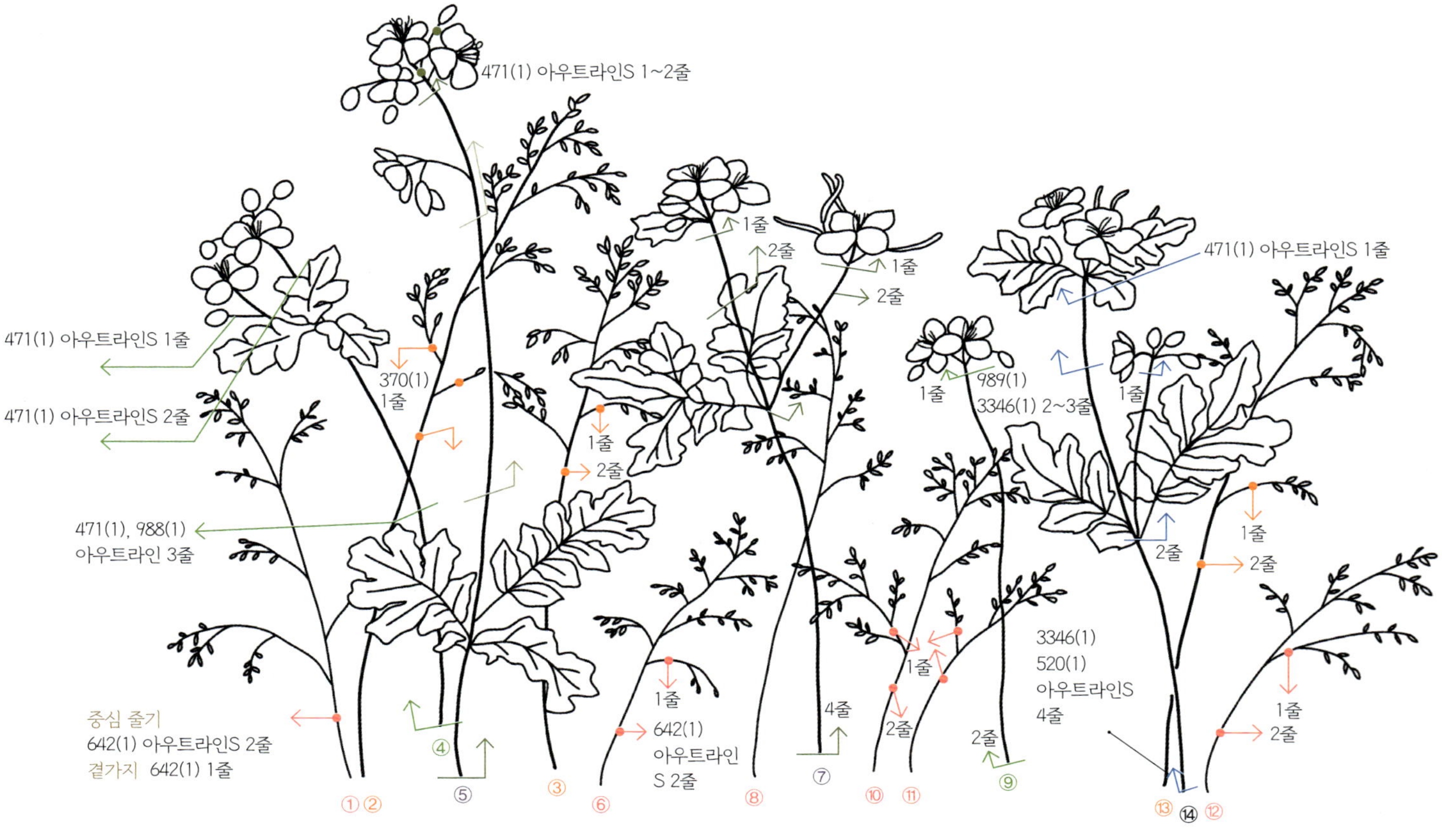

471(1) 아우트라인S 1~2줄
471(1) 아우트라인S 1줄
471(1) 아우트라인S 2줄
370(1)
1줄
1줄
2줄
1줄
2줄
1줄
2줄
471(1) 아우트라인S 1줄
1줄
989(1)
3346(1) 2~3줄
1줄
471(1), 988(1)
아우트라인 3줄
1줄
2줄
1줄
2줄
3346(1)
520(1)
아우트라인S
4줄
중심 줄기
642(1) 아우트라인S 2줄
곁가지 642(1) 1줄
1줄
642(1)
아우트라인
S 2줄
4줄
2줄
2줄
1줄
2줄
①②
④
⑤
③
⑥
⑧
⑦
⑩
⑪
⑨
⑬ ⑭ ⑫

④
370(1) 아우트라인S 3줄
989(1), 988(1) 아우트라인S 4줄

⑤
470(1), 989(1) 아우트라인S 3줄
470(1), 989(1) 아우트라인S 3줄
989(1), 988(1) 아우트라인S 4줄

- 726(1) 새틴S
- 973(1) 새틴S
- 728(1) 새틴S
- 166(1) 새틴S
- 165(1) 새틴S
- 642(1) 레이지데이지S
- 370(1) 레이지데이지S
- 471(1) 아우트라인S 2줄
- ↑ 암술머리 166(3) 프렌치너트S
- ↑ 암술대 166(3) 스트레이트S
- ↑ 수술머리 726(1) 스트레이트S
- ↑ 수술대 726(1) 스트레이트S

 잎

- 3053(1) 새틴S
- 3052(1) 새틴S
- 3051(1) 새틴S
- 520(1) 새틴S

잎 **C = D = E**

- 166(1) 새틴S
- 987(1) 새틴S
- 471(1) 새틴S
- 937(1) 새틴S

어미는 애기똥풀의 줄기를 꺾어 물어와
줄기에서 노란즙으로 씻어내
어린새끼의 눈을 뜨게 한단다.

흰 덩굴과 나비

흰 덩굴은 전통문양을 참고하여 도안을 그렸습니다.

단색 자수의 단조로운 분위기에 나비로 변화를 주었습니다.

비교적 간단한 기법으로 초보자들도 쉽게 할 수 있는 도안입니다.

북 커버나 다른 자수 소품에 활용해도 좋습니다.

실 번호

줄기, 잎, 꽃 746
나비 318, 726, 744

수놓는 순서

줄기 → 잎 → 꽃 → 나비

수놓는 법

줄기
아우트라인S로 곁가지는 1줄, 큰 줄기는 2줄을 수놓습니다.

잎, 꽃
줄기, 잎, 꽃이 모두 같은 색입니다. 잎은 새틴S로, 꽃은 레이지데이지S로 2개를 살짝 벌려 수놓은 다음
그 중간에 1번 더 레이지데이지S를 합니다. 모두 3번의 레이지데이지S를 합니다.

나비
먼저 더듬이와 몸, 날개 윗부분의 바깥 라인을 318(1)으로 아우트라인S를 합니다.
날개는 726과 744번 1올로 롱앤드쇼트S로 채웁니다.

❋ 흰 덩굴과 나비
실물 도안_100%

줄기, 나비

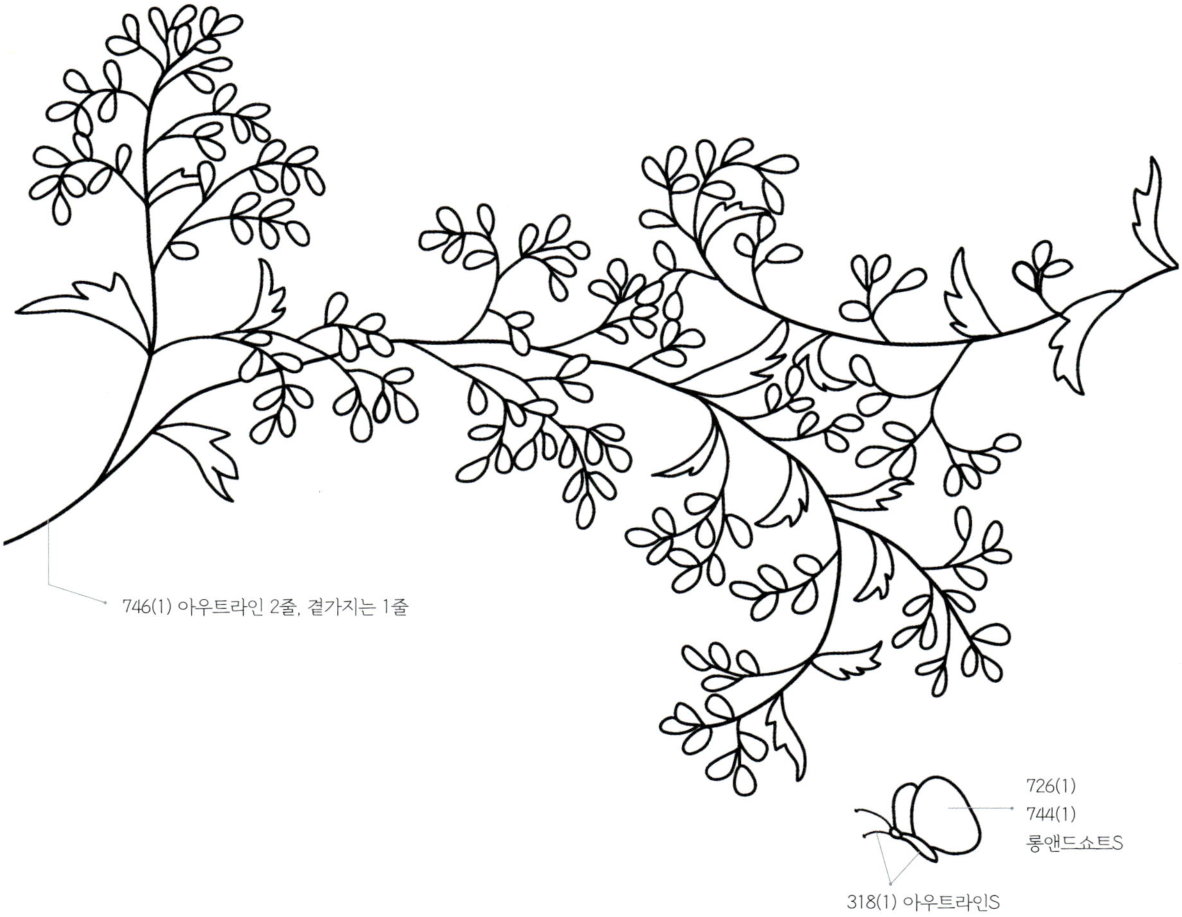

746(1) 아우트라인 2줄, 곁가지는 1줄
726(1)
744(1)
롱앤드쇼트S
318(1) 아우트라인S

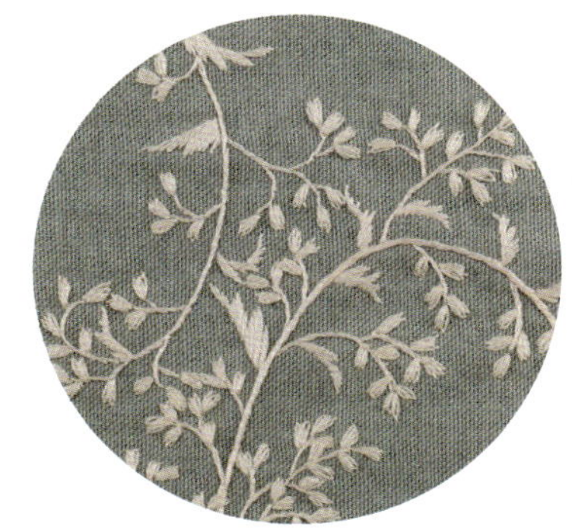

746(1) 레이지데이지S 3회
746(1) 새틴S
746(1) 아웃라인S 2줄

꽃마리 리스

꽃마리는 《춘천, 사계절 꽃 자수》에도 수록된 도안인데요,
그늘지고 습한 산기슭에 피는 꽃마리는 푸른빛을 띠는 것이 보통이지만
간혹 변종들이 연보랏빛을 띠기도 합니다.
이번에는 리스의 형태로 구성을 다르게 해보았습니다.

잎, 꽃받침, 잔꽃의 줄기 3815, 3816, 3817
꽃봉오리, 잔꽃 3833, 3865
꽃잎 153, 225, 554, 962, 963, 3326, 3383, 3608(핑크 계열)
156, 341, 747, 996, 3325, 3733, 3750(블루 계열)
꽃심 973, 3821

🧵 수놓는 순서

잎 → 꽃봉오리 → 큰 꽃 → 잔꽃 → 꽃심

🪡 수놓는 법

잎
새틴S로 수놓습니다. 진한 색은 잎의 아래쪽에 밝은 색은 위쪽에 사용합니다.
꽃받침과 잎은 동일한 색입니다.

꽃
큰 꽃을 새틴S로 다 놓은 다음 빈 공간에 잔꽃들을 놓아 풍성한 리스를 만들어
보세요.
꽃심은 버튼홀S로 둥글게 한 다음 가운데 프렌치너트S로 마무리합니다.

꽃마리 리스
실물 도안_100%

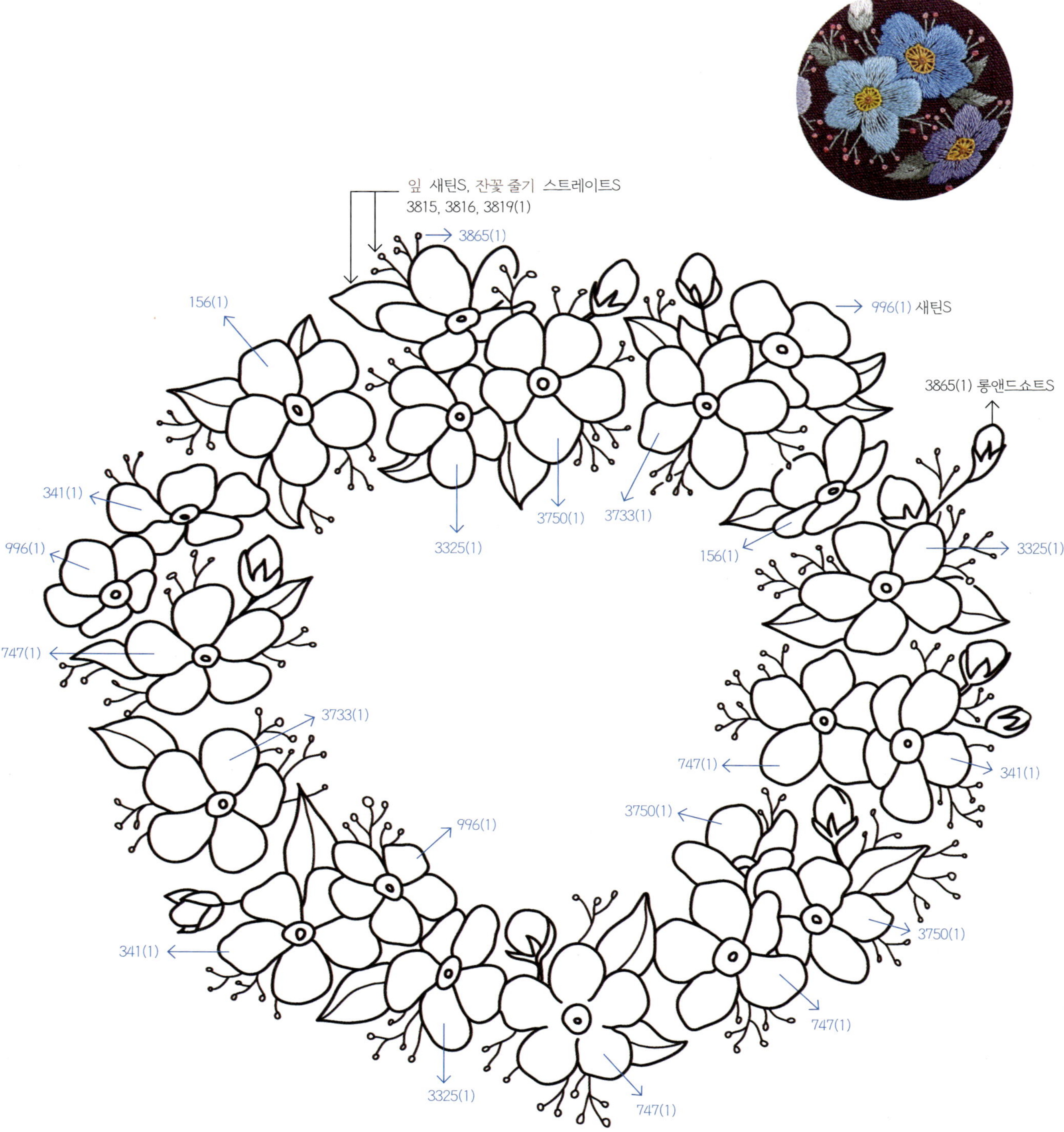
잎 새틴S, 잔꽃 줄기 스트레이트S
3815, 3816, 3819(1)
3865(1)
156(1)
996(1) 새틴S
3865(1) 롱앤드쇼트S
341(1)
996(1)
3750(1)
3733(1)
156(1)
3325(1)
3325(1)
747(1)
747(1)
341(1)
3733(1)
3750(1)
996(1)
3750(1)
341(1)
747(1)
3325(1)
747(1)

핑크 계열

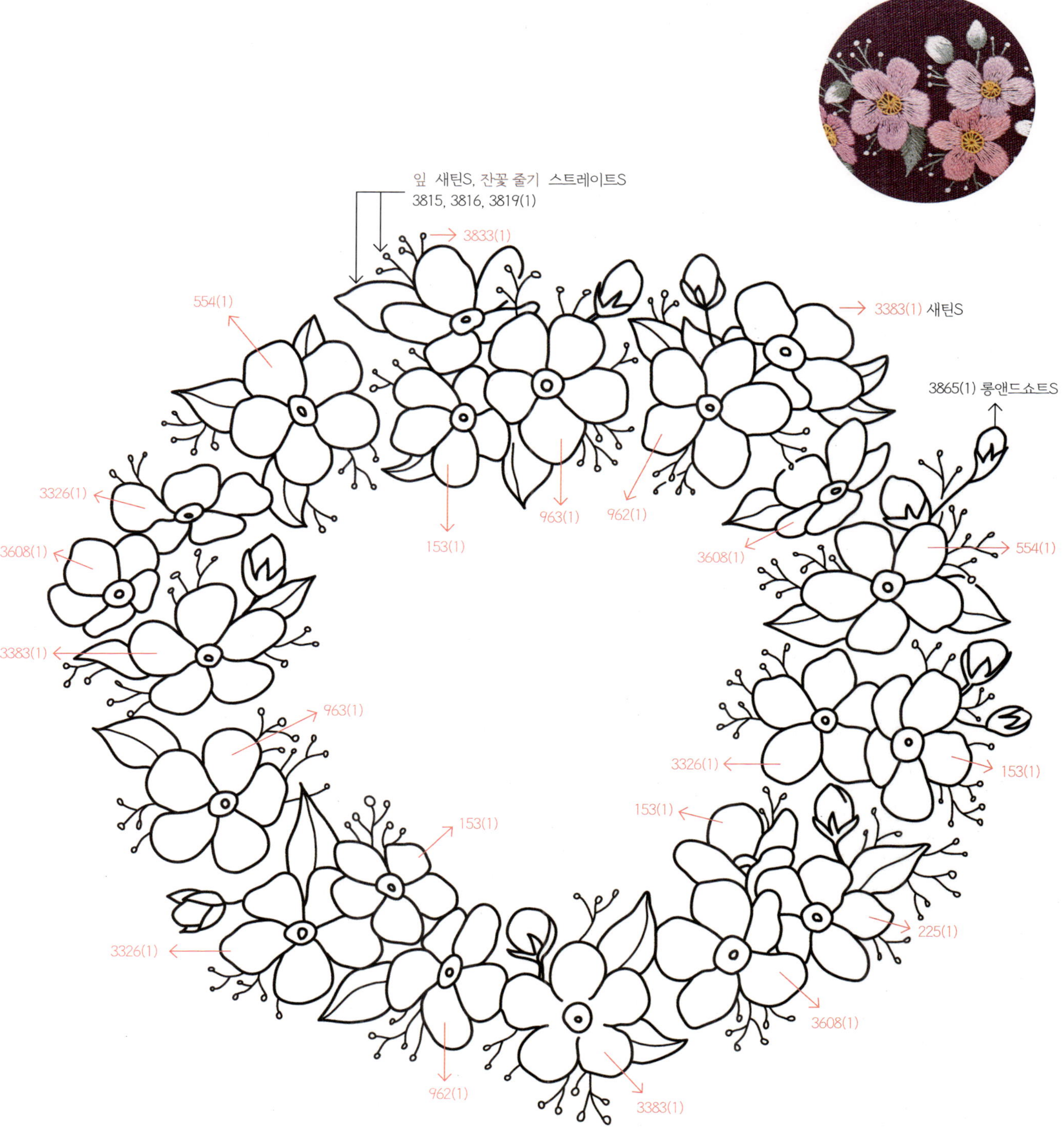
잎 새틴S, 잔꽃 줄기 스트레이트S
3815, 3816, 3819(1)
3833(1)
554(1)
3383(1) 새틴S
3865(1) 롱앤드쇼트S
3326(1)
3608(1)
3383(1)
963(1)
962(1)
153(1)
3608(1)
554(1)
963(1)
3326(1)
153(1)
153(1)
153(1)
3326(1)
225(1)
3608(1)
962(1)
3383(1)

들꽃다발 2

🌼 실 번호

큰 꽃 줄기, 잎 501, 502, 503, 504
큰 꽃 꽃받침 502, 503
큰 꽃잎 3865
큰 꽃 꽃술 352
풀꽃 줄기 315, 3726, 3341
풀꽃잎 3042, 3743
풀꽃 315, 3726

🪡 수놓는 순서

줄기 → 꽃 → 꽃받침 → 잎 → 꽃술

🪡 수놓는 법

줄기
풀꽃의 줄기는 순서와 상관없이 수놓아도 무방합니다.
풀꽃의 줄기는 곁가지들과 위쪽의 줄기 색이 진하며, 곁가지들을 1줄,
중심이 되는 줄기는 아우트라인S를 2줄 놓았습니다.
큰 꽃의 줄기는 왼쪽의 것부터 아우트라인S로 수놓습니다.
큰 꽃의 줄기와 잎은 실 색이 모두 같으며, 아래로 내려갈수록 점차 진해집니다.

꽃
꽃은 큰 꽃과 풀꽃 모두 새틴S입니다. 이 도안의 꽃은 실제로 있는 꽃은 아니므로
꽃색을 바탕 원단에 따라 좋아하는 색으로 정해서 해보는 것도 작업에 재미있는
변화를 줄 수 있으리라 생각해요.

꽃받침
꽃받침은 줄기의 색을 이용해서 스트레이트S를 4~5회 정도 하여 마무리합니다.

꽃술
큰 꽃의 꽃술은 꽃을 모두 수놓은 다음, 프렌치너트S를 2회 정도 감아 여러 개 놓습니다.

들꽃다발
실물 도안_80%

풀꽃

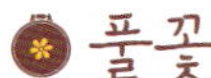

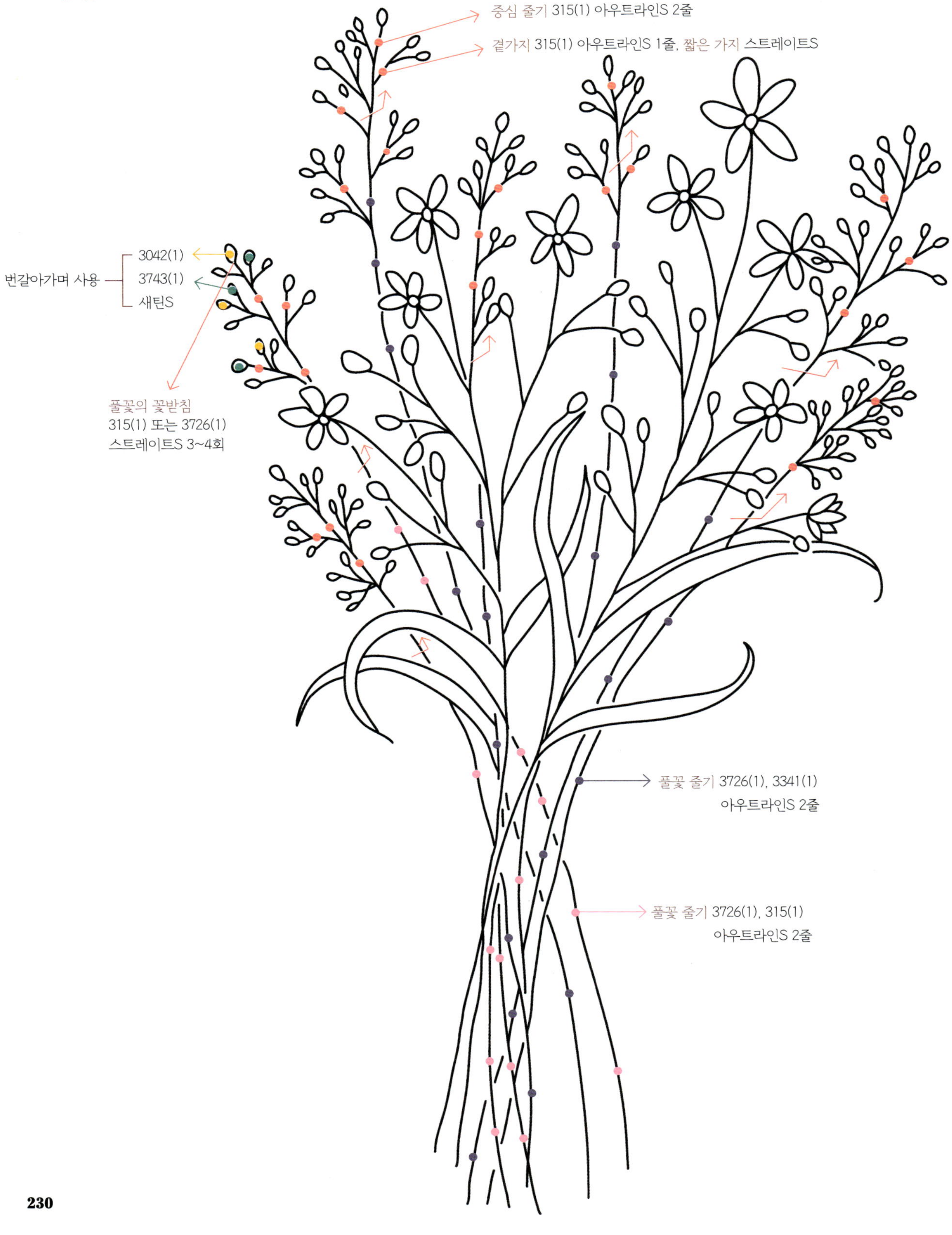

중심 줄기 315(1) 아우트라인S 2줄
곁가지 315(1) 아우트라인S 1줄, 짧은 가지 스트레이트S
번갈아가며 사용
3042(1)
3743(1)
새틴S
풀꽃의 꽃받침
315(1) 또는 3726(1)
스트레이트S 3~4회
풀꽃 줄기 3726(1), 3341(1)
아우트라인S 2줄
풀꽃 줄기 3726(1), 315(1)
아우트라인S 2줄

봉오리의 꽃받침
줄기 색으로 꽃봉오리 위에
스트레이트S 3~5회

3865(1) 새틴S
352(1) 프렌치너트S
잎
504(1) 롱앤드쇼트S
503(1) 롱앤드쇼트S
502(1) 롱앤드쇼트S
501(1) 롱앤드쇼트S

줄기
잎 색과 같다.
위(연한 색) → 아래쪽(진한 색)
2줄 → 4줄

닻꽃

어부의 꽃이라고 하는 닻꽃은 그 모양이 닻을 닮아서 붙여진 이름이랍니다.
대체로 높은 산지에서 자라며, 한해살이 풀로 멸종 위기식물이에요.
저 역시 대암산에서 딱 한번 보고는 그 이후로 볼 수 없어서
무척이나 아쉬웠던 꽃입니다.

실 번호

줄기 469, 470, 973
꽃잎 726, 727, ECRU
꽃받침 470
잎 163, 469, 470, 471, 505, 522, 523, 561, 987, 988

수놓는 순서

줄기 → 꽃잎 → 꽃받침 → 잎

수놓는 법

줄기
1가닥 실을 사용해 아우트라인S로 표현합니다.

꽃잎
꽃잎의 뒤에 있는 잎이나, 꽃받침이 있다면 뒤쪽의 것을 먼저 하시고,
꽃잎을 롱앤드쇼트S로 수놓습니다.
위쪽은 진한 노란색 실을 사용하였습니다. ECRU색이 없다면 3823번을
사용해도 무방합니다.

꽃받침
꽃잎 뒤쪽의 꽃받침은 꽃잎보다 먼저 수놓습니다. 하지만 꽃잎 앞쪽의 꽃받침은 꽃잎을
먼저 다 놓은 다음, 아우트라인S나 롱앤드쇼트S로 수놓습니다.

잎
잎은 대체로 새틴S로 수놓았으나, 좀 넓은 잎은 바깥쪽부터 안쪽으로 들어오면서
롱앤드쇼트S로 수놓아도 됩니다.
저는 맨 아래 왼쪽의 넓은 잎을 롱앤드쇼트S로 수놓았습니다.

줄기, 잎

줄기
① 470(1) 아우트라인S 2줄
② 470(1) 아우트라인S 3줄
③ 470(1) 아우트라인S 4줄
④ 469(1) 아우트라인S 3줄
⑤ 469(1), 470(1) 아우트라인S 4줄
⑥ 469(1), 973(1) 아우트라인S 4줄
잎
987(1) 새틴S
988(1) 새틴S
471(1) 새틴S
522(1) 새틴S
523(1) 새틴S
470(1) 새틴S
469(1) 새틴S
163(1) 새틴S
505(1) 새틴S
561(1) 새틴S

잎
롱앤드쇼트S

469(1), 973(1) 아우트라인S 5줄

973(1) 아우트라인S 5줄

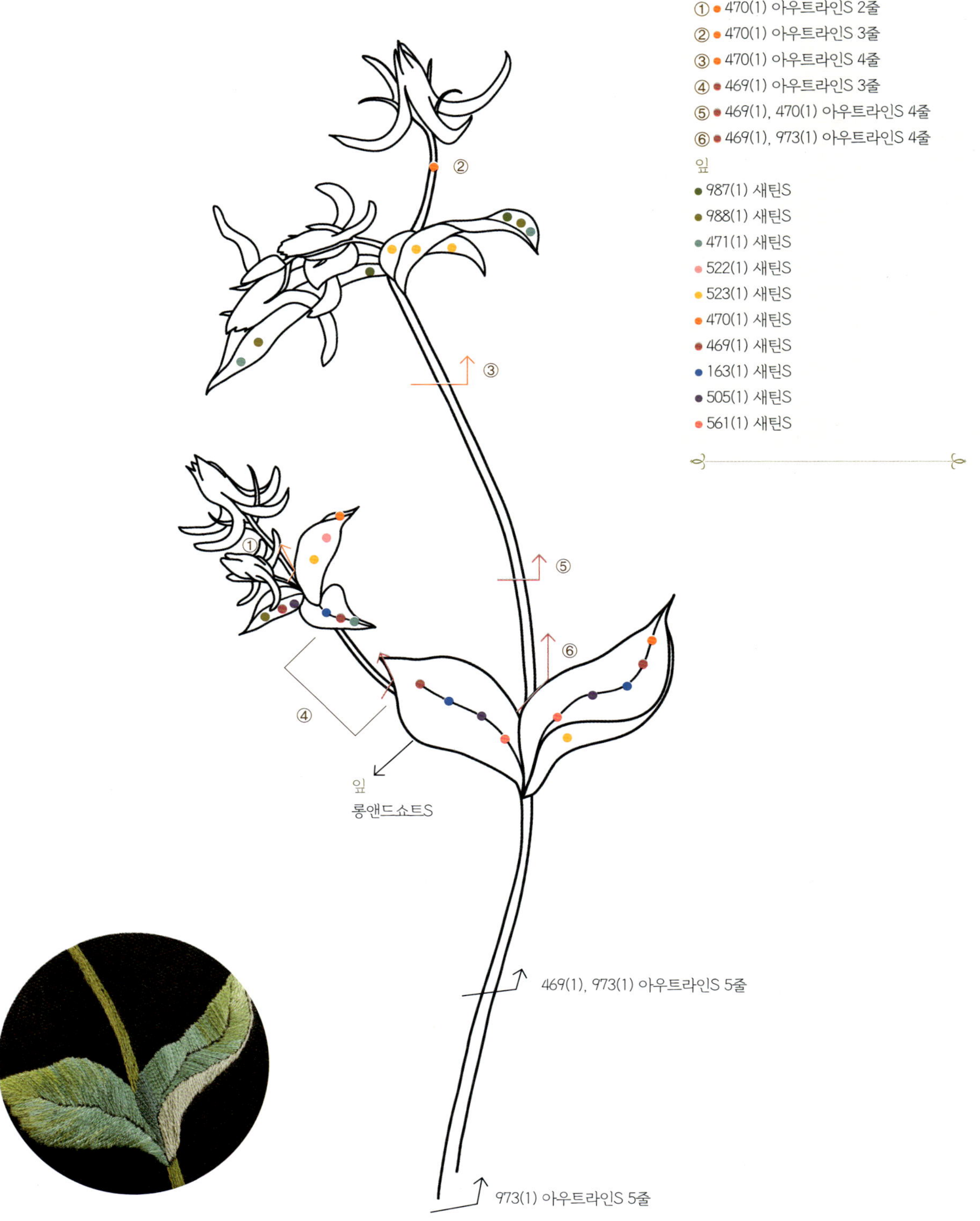

● 꽃, 꽃받침

으름덩굴꽃

으름은 머루나 다래와 같이 야생에서 따먹을 수 있는 바나나와 비슷한 맛을 가진 열매랍니다.

요즘은 관상용으로도 많이 심는데 꽃의 모양이 예쁘고 독특해요.

다른 나무를 타고 올라가는 으름덩굴은 꽃잎처럼 보이는 부분이 실은 꽃받침이랍니다.

꽃잎은 없고 꽃받침이 우산처럼 펼쳐져 있어요.

《우리 나무의 세계》라는 책을 보면 으름덩굴과 관련된 연산군의 일화와

열매 모양으로 생겨난 이름을 소개하고 있어요.

암꽃은 좀 크고 적게, 수꽃은 크기는 작지만 많이. 한 나무에서 같이 핀답니다.

추운 곳에서도 잘 자라고, 그늘진 곳에서도 잘 자라는 편이라 기르기도 쉽다니 꼭 심고 싶은 나무입니다.

🌼 실 번호

큰 나뭇가지, 줄기 610, 611, 642, 986, 987, 988, 989, 3781
잎 471, 987, 988, 989
꽃(받침) 316, 605, 761, 778, 962
꽃술 154

✏ 수놓는 순서

큰 나뭇가지 → 줄기 → 꽃(안) → 꽃(바깥) → 꽃술

✒ 수놓는 법

나뭇가지
나뭇가지는 왼쪽에서 시작하여(아우트라인S 4줄) 오른쪽으로(아우트라인S 6줄)
수놓습니다.

줄기
잎이 달린 끝 쪽의 줄기들은 스트레이트S로, 긴 줄기는 아우트라인S로 1줄에서
2줄 정도 놓습니다.

꽃(안)
꽃의 안쪽을 바깥쪽보다 먼저 하는데, 안쪽의 공간이 작으면 새틴S로, 공간이 좀
넓다면 롱앤드쇼트S로 수놓습니다.

꽃(바깥)
꽃의 바깥쪽 모양이 둥글고 밋밋한 모양은 옆모습이며, 롱앤드쇼트S로 둥글게 표현
합니다. 바깥쪽 모양이 뾰족한 부분은 정면에서 본 모습으로, 새틴S로 표현합니다.
뒤쪽에서 보이는 모습도 새틴S입니다.

꽃술
모두 154번 1가닥으로 블리온S로 수놓았습니다.

으름덩굴꽃

실물 도안_60%

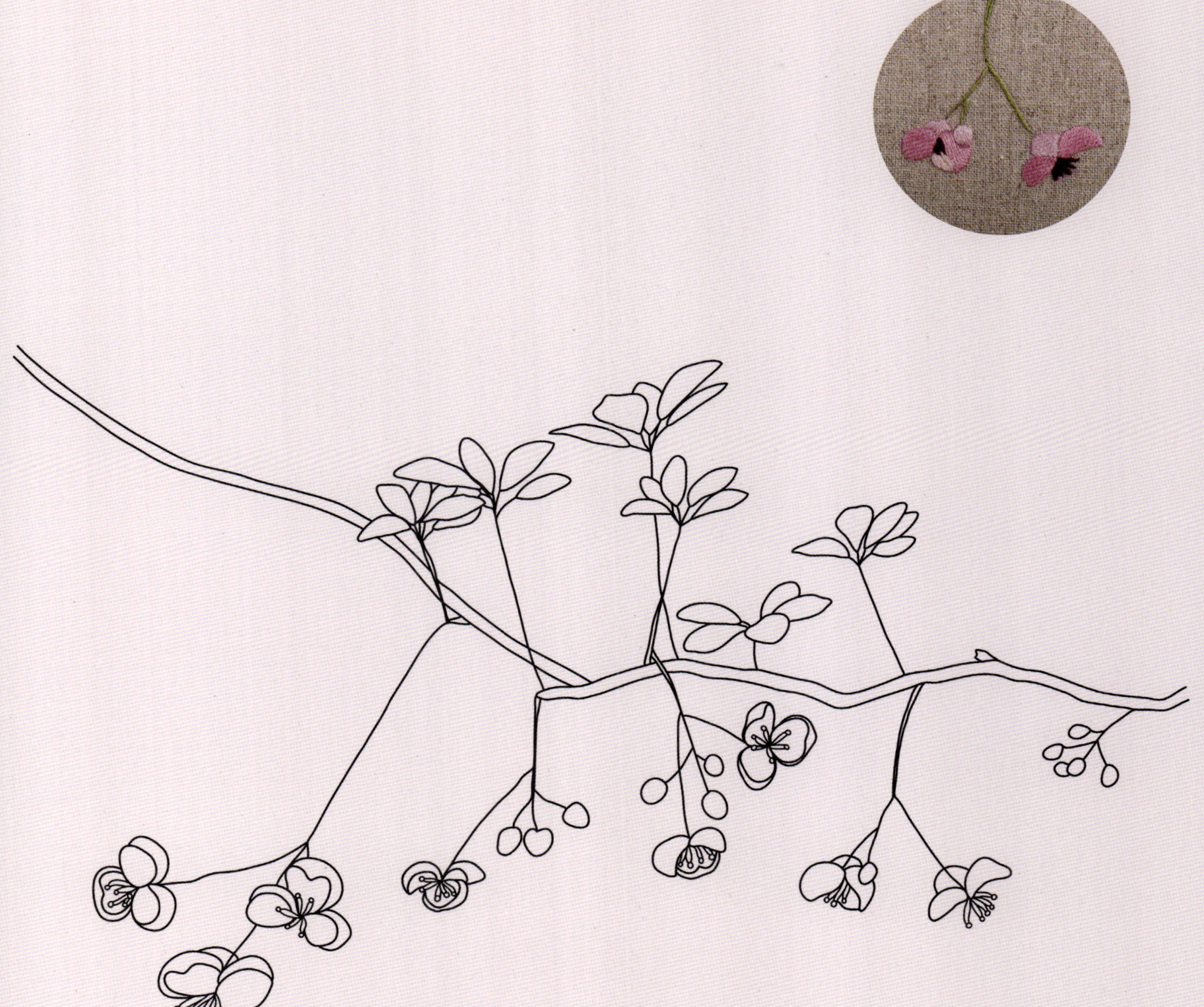

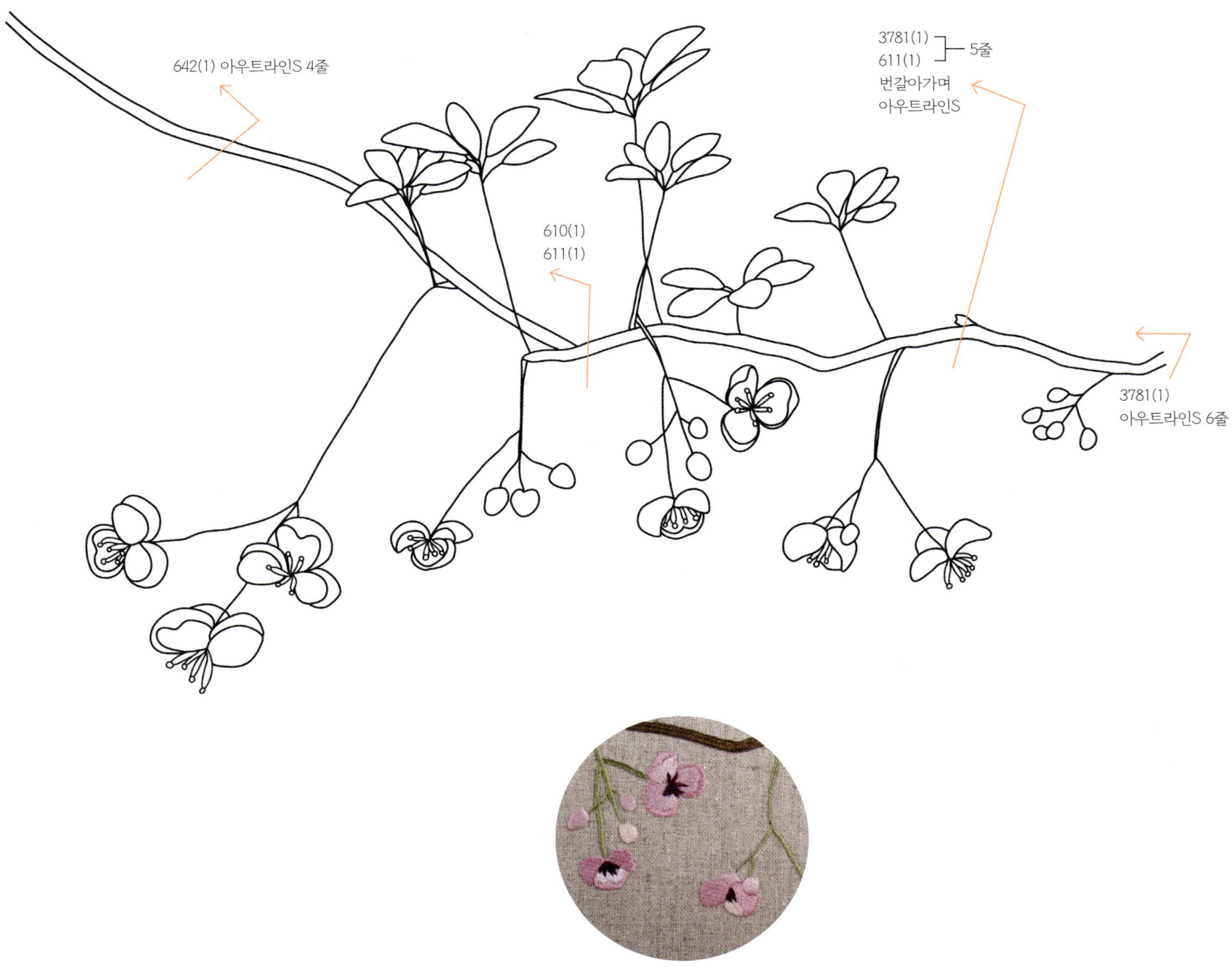
642(1) 아웃라인S 4줄
3781(1)
611(1) 5줄
번갈아가며
아웃라인S
610(1)
611(1)
3781(1)
아웃라인S 6줄

줄기

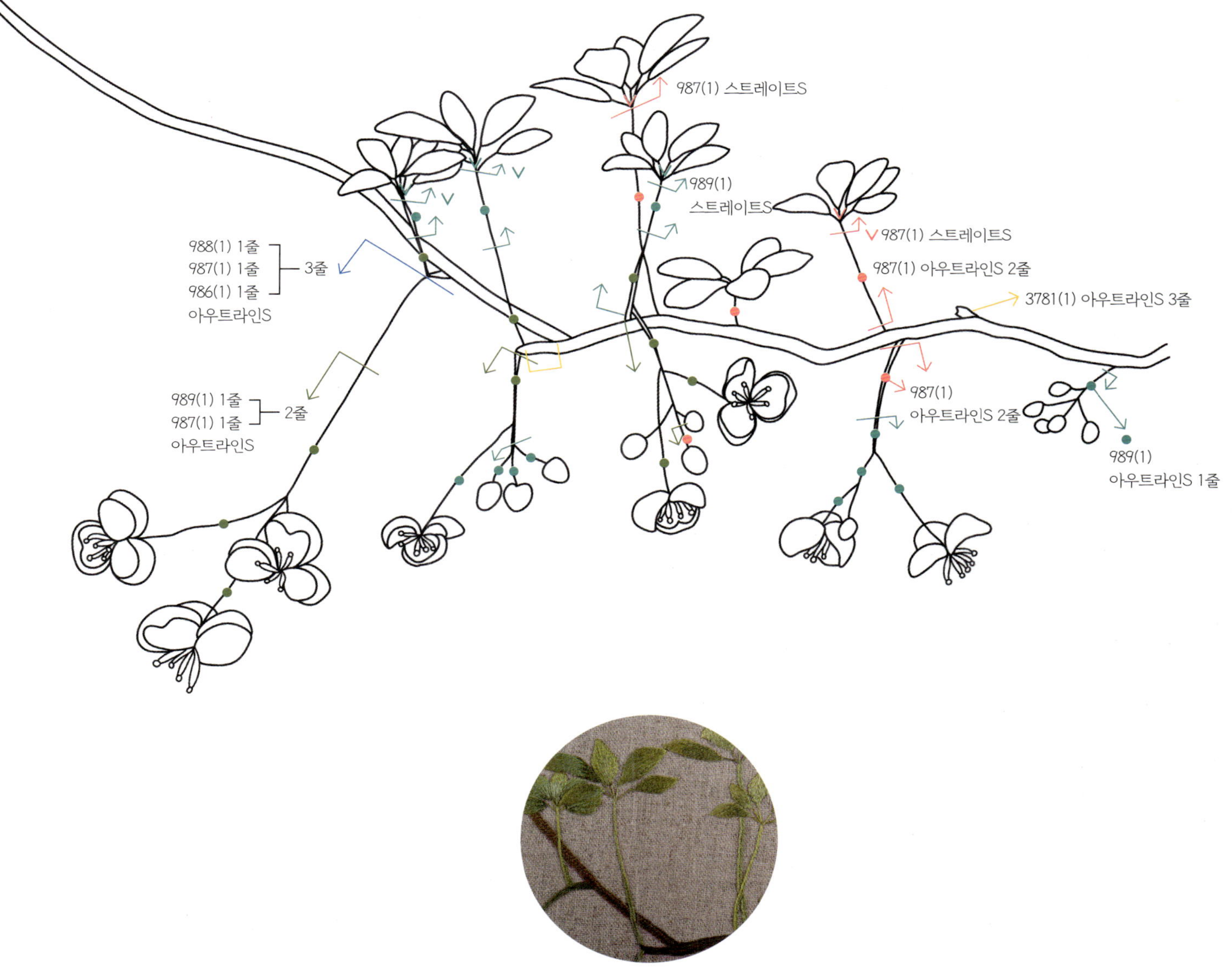
987(1) 스트레이트S
989(1) 스트레이트S
987(1) 스트레이트S
988(1) 1줄
987(1) 1줄
986(1) 1줄
아웃트라인S
3줄
987(1) 아웃트라인S 2줄
3781(1) 아웃트라인S 3줄
989(1) 1줄
987(1) 1줄
아웃트라인S
2줄
987(1)
아웃트라인S 2줄
989(1)
아웃트라인S 1줄

잎

471(1) 롱앤드쇼트S
988(1) 롱앤드쇼트S
989(1) 롱앤드쇼트S
987(1) 롱앤드쇼트S

꽃

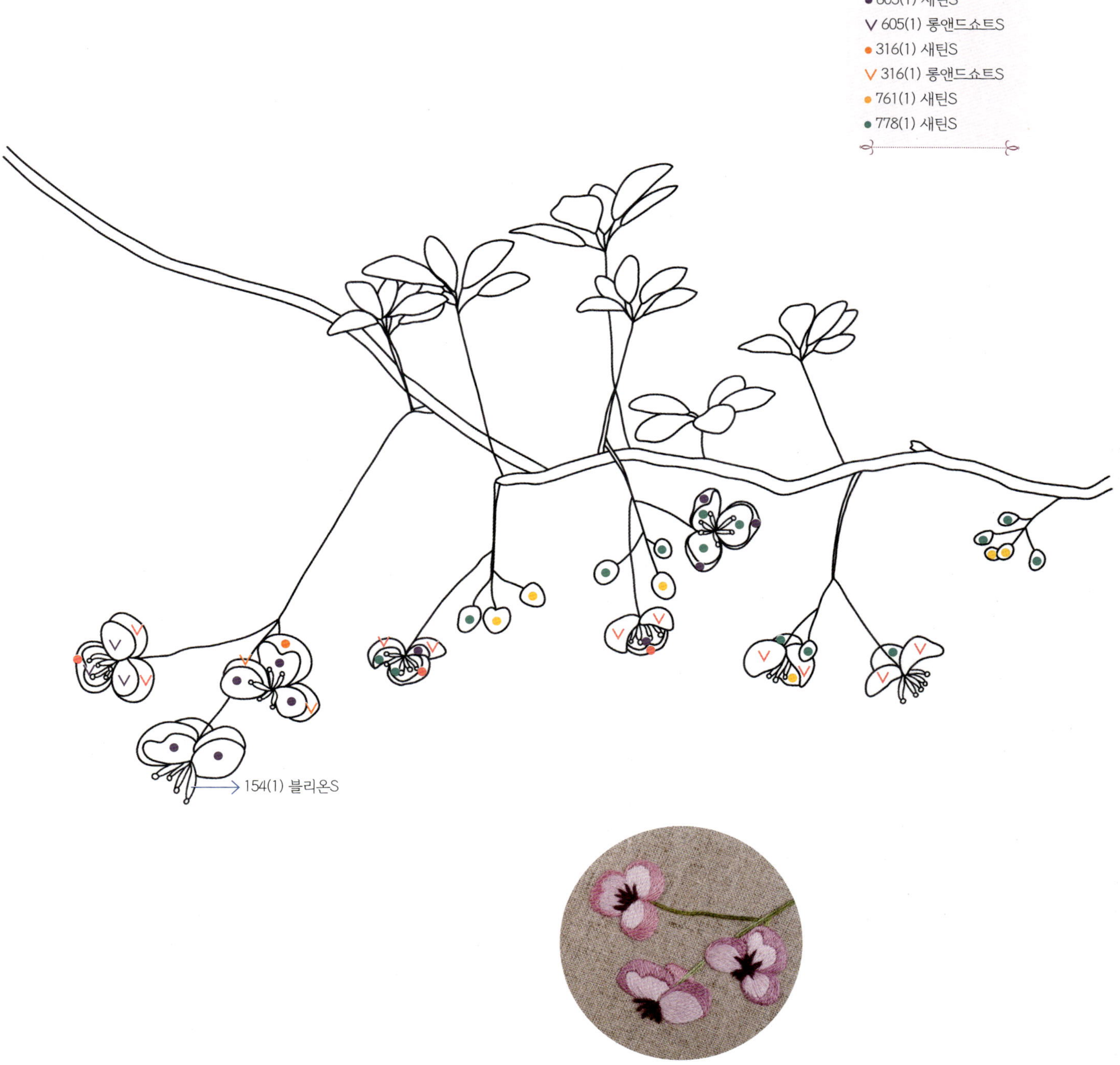
● 962(1) 새틴S
V 962(1) 롱앤드쇼트S
● 605(1) 새틴S
V 605(1) 롱앤드쇼트S
● 316(1) 새틴S
V 316(1) 롱앤드쇼트S
● 761(1) 새틴S
● 778(1) 새틴S

154(1) 블리온S

고사리

실 번호

469, 470, 471, 520, 3346, 3347, 3362, 3363, 3364

수놓는 순서

곁가지 → 중심 줄기 → 잎

수놓는 법

곁가지
아우트라인S로 중심 줄기에 가까워질수록 점차 진한 색으로 바꿔가며 1줄을 수놓습니다.

중심 줄기
아우트라인S로 아래쪽으로 내려갈수록 점차 진한 색으로 바꿔가며 2줄을 수놓습니다.

잎
잎은 모두 레이지데이지S로 위쪽에서 아래쪽으로 갈수록 색은 진하고 어두워집니다.

곁가지 아우트라인S 1줄
중심 줄기 아우트라인S 2줄
모든 잎 레이지데이지S

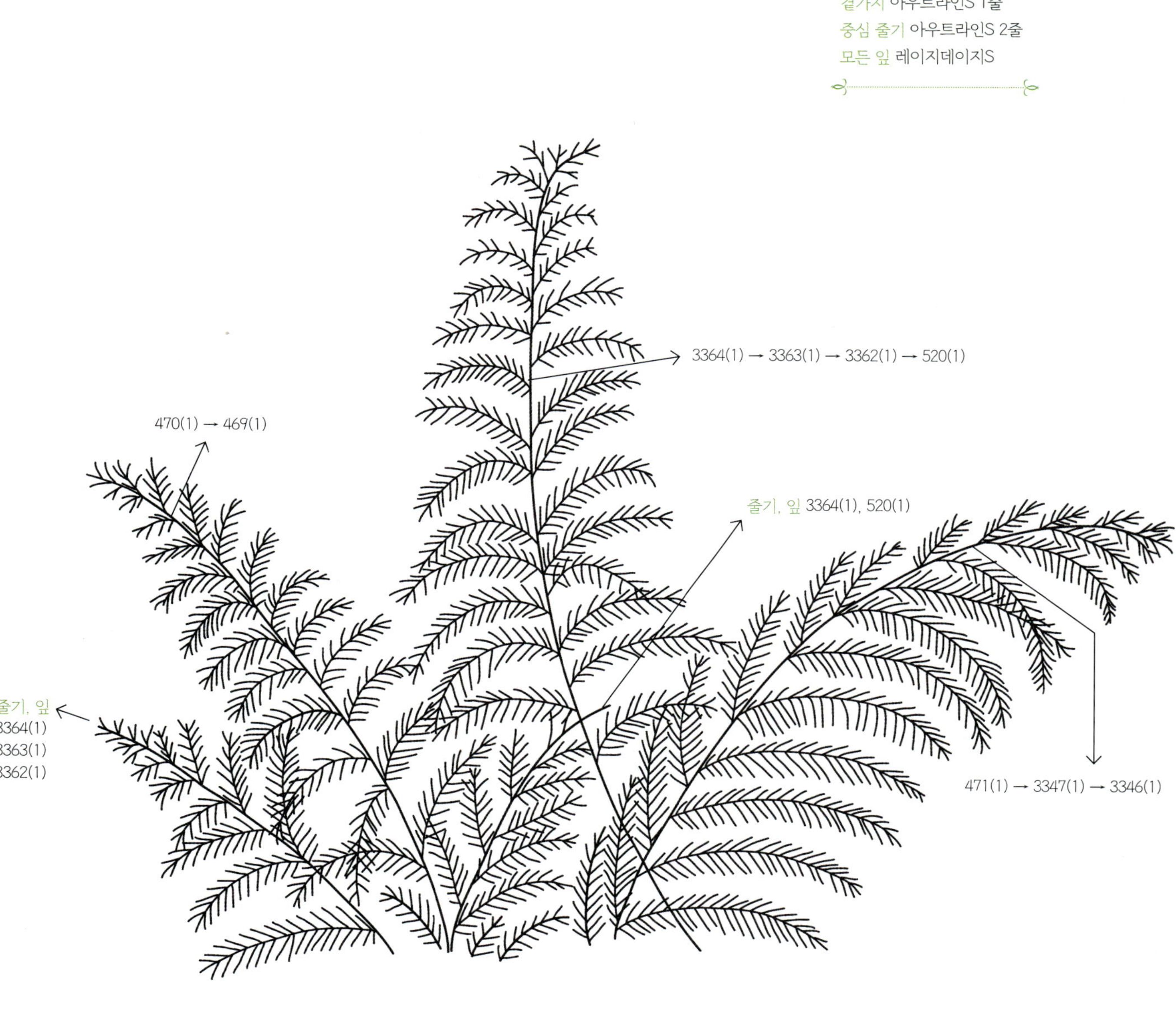
470(1) → 469(1)
3364(1) → 3363(1) → 3362(1) → 520(1)
줄기, 잎 3364(1), 520(1)
줄기, 잎
3364(1)
3363(1)
3362(1)
471(1) → 3347(1) → 3346(1)

잎
471(1)
레이지데이지S
470(1)
469(1)
3364(1)
3364(1)
3363(1)
3364(1)
3363(1)
3362(1)
520(1)
471(1)
3347(1)
471(1)
3347(1)
3346(1)
520(1), 3346(1), 3347(1)

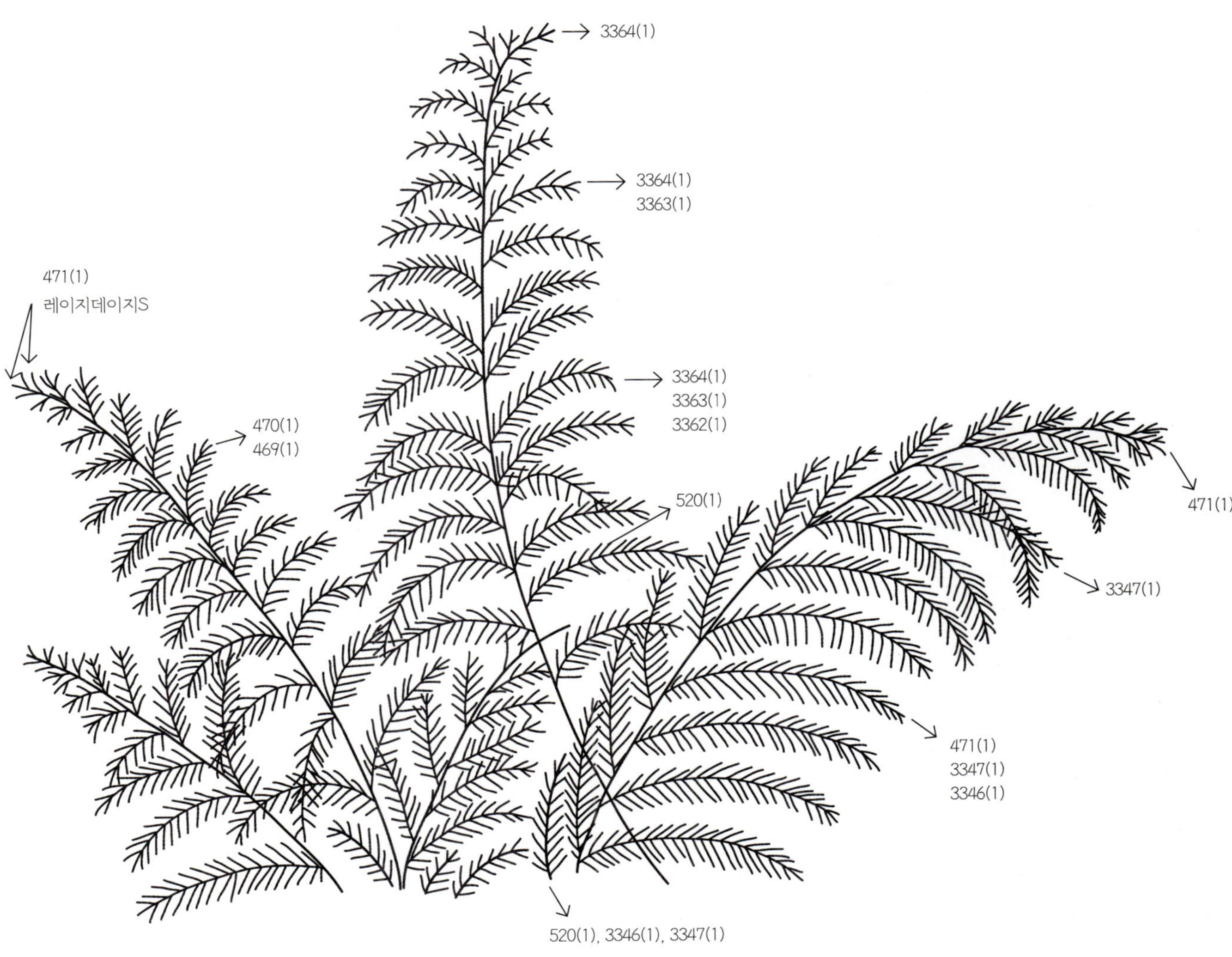

과남풀

산지의 습지에서 자라는 과남풀을 처음 본 것은 인제의 용늪에서였습니다.
가을날이라 산구절초가 흐드러지고, 습지 탐방로 구석구석에
푸른 보랏빛의 꽃색이 신비로웠습니다.
과남풀은 한방에서는 가을에 뿌리를 캐서 말린 것을 용담(龍膽)이라 하여,
소화불량, 담낭염, 황달, 두통, 뇌염, 방광염, 요도염 등에 쓰인다고 합니다.
과남풀 옆에 이름 모를 풀꽃도 몇 개 같이 수놓았습니다.

줄기 315, 469, 731, 3859, 3860
꽃잎 156, 157, 158, 794, 3807, 3838, 3839
꽃받침 315, 3859, 3860
잎 469, 470, 520, 731, 936, 3012, 3032, 3362, 3363, 3364, 3859
풀꽃 줄기와 꽃 646, 3032, 3787

수놓는 순서

줄기 → 꽃잎 → 꽃받침 → 잎

수놓는 법

줄기
1번째 마디 정도까지는 녹색 빛으로, 아래로 내려갈수록 붉은빛의 실로 바꾸어
1올로 수놓되 4줄을 붙여 아우트라인S로 수놓습니다.

꽃잎
뒤쪽 꽃잎부터 수놓습니다. 1올로 롱앤드쇼트S를 사용합니다.

꽃받침
꽃잎을 다 놓고 나면 꽃받침을 1올로 롱앤드쇼트S로 마무리합니다.

잎
잎은 줄기 쪽부터 시작하여 점차 밝아지는 색을 사용하였습니다.
기법은 롱앤드쇼트S입니다. 끝부분에 마른 부분을 살짝 표현하기도 했습니다.

풀꽃
전체 작품의 구성상 허전한 부분을 이름 모를 풀꽃으로 곁들였습니다. 줄기나 꽃이 모두 같은 색으로,
곁가지는 1줄을 놓습니다. 도안의 동그라미 부분에 프렌치너트S로 5~6개 정도 수놓아주세요.
2회 정도 감아서 작은 망울들을 모아 있는 듯 없는 듯 작게 표현합니다.

✿ 줄기, 꽃잎

794(1) 롱앤드쇼트S
156(1) 롱앤드쇼트S
3838(1) 롱앤드쇼트S
3839(1) 롱앤드쇼트S
157(1) 롱앤드쇼트S
158(1) 롱앤드쇼트S
3807(1) 롱앤드쇼트S

줄기
469(1), 731(1) 아우트라인S 4줄
3859(1), 3860(1)
아우트라인S 4줄
3859(1), 3860(1), 315(1)
아우트라인S 4줄

● 470(1) 롱앤드쇼트S
● 731(1) 롱앤드쇼트S
● 469(1) 롱앤드쇼트S
● 936(1) 롱앤드쇼트S
● 3859(1) 롱앤드쇼트S
● 315(1) 롱앤드쇼트S
● 3860(1) 롱앤드쇼트S
● 3012(1) 롱앤드쇼트S
● 3362(1) 롱앤드쇼트S
● 520(1) 롱앤드쇼트S
● 731(1) 롱앤드쇼트S
● 3859(1) 롱앤드쇼트S
● 937(1) 롱앤드쇼트S
● 988(1) 롱앤드쇼트S
● 3364(1) 롱앤드쇼트S
● 3032(1) 롱앤드쇼트S

3032(1)S 프렌치너트S 4~6개
3032(1)S 프렌치너트S 4~6개
3032(1)S 프렌치너트S 4~6개
곁가지 646(1) 아우트라인S 1줄
중심 줄기
646(1) 아우트라인S 2줄
3787(1)
아우트라인S 2줄
3787(1) 아우트라인S 1줄

서른
목련

목
련

생강나무꽃 피어 봄소식 시작되면

개나리 진달래 앞다투어 여기저기서 터져도

목련꽃 한가득 풍성하게 핀 나무 한그루가

온 동네를 환하게 한다.

버선코 같은 새순이

순백의 꽃잎으로 치맛자락 펼쳐주면

양희은씨가 불렀던

하얀 목련이 필 때면 다시 생각나는 사람이란

가락이 절로 나오고

책 들고 벤치에라도 앉아봐야 할 것 같다.

봄바람 살랑이고 햇살 좋아

기분이 절로 좋아지는 탓에

겨울눈처럼 껍질에 쌓여있던 꽃잎 터지듯이

묵어서 삭은 줄 알았던 춘정이라도 생겨나는 것 같다.

피천득님의 인연에서 평생에 잊지 못할 순간의 아사코는

목련꽃 같은 여인이었다.

목련꽃은 그런 꽃인가 보다.

사람들의 마음을 살살이 풀어주니

사랑하고 싶고 그리운 것들이 샘솟는다.

오늘은 목련꽃 아래를 우아하게 걸어보자.

그 옛날의 고왔던 마음을 꺼내들고….

✽ 실 번호

줄기 A.F.E 린넨사 4001, 4002
꽃잎 white, ECRU, 372, 732, 746, 745, 3013, 3865
꽃받침 830, 831, 832, 840, 841

✐ 수놓는 순서

줄기 → 꽃 → 꽃받침

✐ 수놓는 법

줄기
A.F.E 린넨사를 이용해 아우트라인S로 나무 줄기의 거친 느낌을 표현하였습니다.

꽃
꽃은 모두 롱앤드쇼트S로 앞 뒤 꽃잎의 입체감을 주는 것이 중요합니다.
꽃잎의 결 방향에 신경쓰며 실 색을 바꾸어가며 수를 놓습니다.

꽃받침
좀 넓은 것은 롱앤드쇼트S로, 작은 것은 새틴S로 놓습니다.

❁ 목련
실물 도안_왼쪽_95%

목련
실물 도안_오른쪽_70%

● white(1), 3865(1), 746(1), 745(1), 732(1) 롱앤드쇼트S
△ white(1), 746(1), 745(1) 롱앤드쇼트S
V 3865(1), ECRU(1) 롱앤드쇼트S
☆ 372(1), 3013(1) 롱앤드쇼트S
꽃받침
● 831(1), 830(1) 롱앤드쇼트S

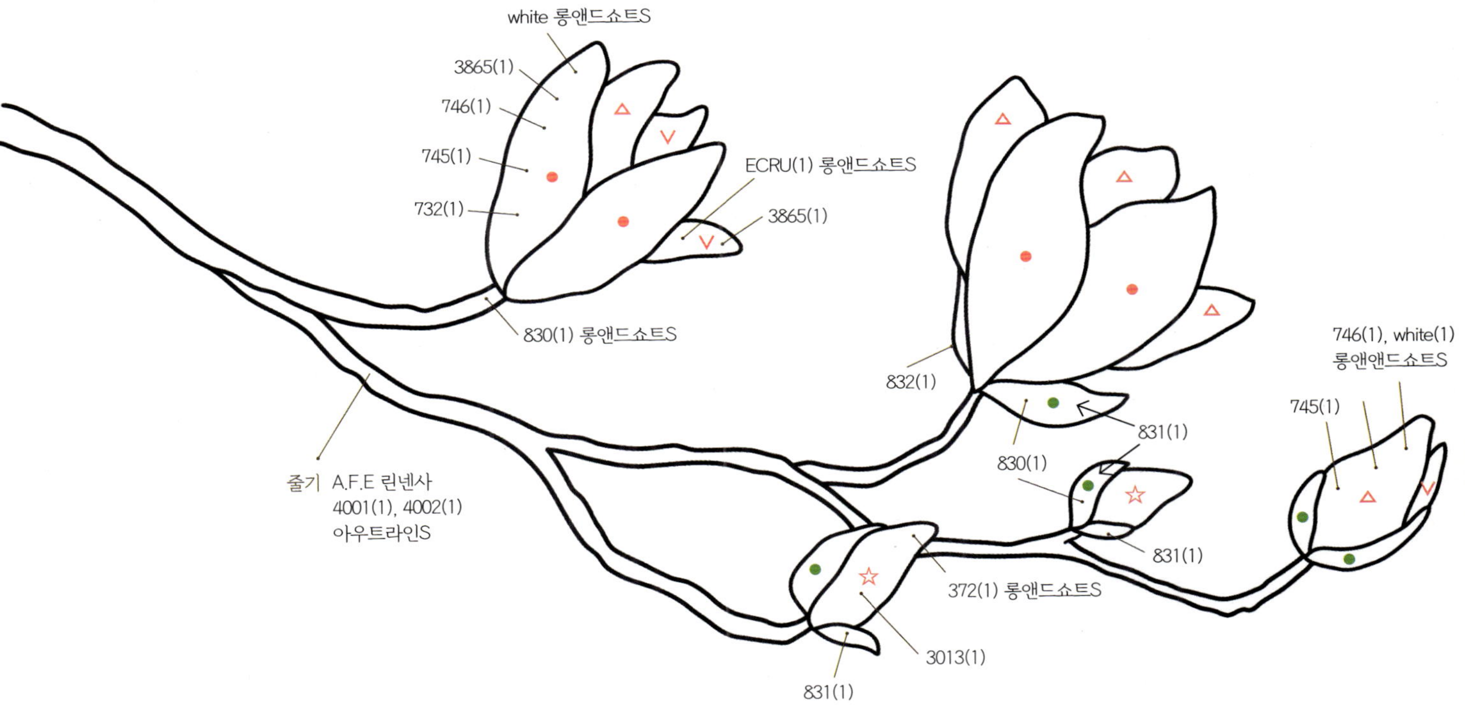

♥ 745(1), 372(1) 롱앤드쇼트S
✕ 841(1), 840(1) 롱앤드쇼트S
840(1)
840(1)
841(1)
3865(1)
745(1)
372(1)
831(1)
830(1)
A.F.E 린넨사
4001(1), 4002(1)
아우트라인S
831(1)
롱앤드쇼트S
830(1)

841(1) 롱앤드쇼트S
372(1) 롱앤드쇼트S

춘천, 들꽃 자수 산책

1판 1쇄 발행 2017년 7월 10일
1판 4쇄 발행 2023년 8월 1일

지은이 김예진
펴낸이 김기옥

실용본부장 박재성
편집 실용2팀 이나리, 장윤선
마케터 이지수
판매 전략 김선주
지원 고광현, 김형식, 임민진

야생화 사진 협조
6, 47, 48, 55, 113, 184, 186 이원일
38, 40, 64, 65, 72, 74, 81, 146, 154, 155, 168, 169, 173, 178, 206, 208, 213, 254, 261 김예진
97, 103 김호섭
109 최동기

디자인 ALL designgroup
인쇄 · 제본 민언프린텍

펴낸곳 한스미디어(한즈미디어(주))
주소 121-839 서울시 마포구 양화로 11길 13(서교동, 강원빌딩 5층)
전화 02-707-0337 | **팩스** 02-707-0198 | **홈페이지** www.hansmedia.com
출판신고번호 제313-2003-227호 | **신고일자** 2003년 6월 25일

ISBN 979-11-6007-164-1   13630